# Contents

# How to Play

Fill in the open spaces on the 9x9 grid so that each box (3x3 section), row, and column use the numbers 1 through 9 without repeating a number.

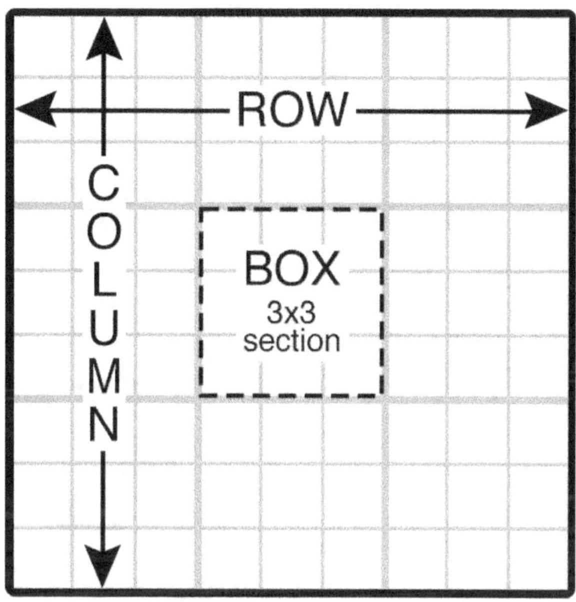


(sample Sudoku puzzle and solution)

|   |   | 5 |   |   | 8 |   |   |   |
|---|---|---|---|---|---|---|---|---|
| 4 | 1 |   |   | 6 |   |   |   |   |
| 2 |   | 8 |   |   | 1 |   |   |   |
|   | 2 | 4 | 8 |   | 6 |   | 3 | 1 |
|   | 8 |   |   |   |   |   | 7 |   |
| 3 | 5 |   | 7 |   | 4 | 6 | 8 |   |
|   |   |   | 5 |   |   | 3 |   | 7 |
|   |   |   |   | 7 |   |   | 5 | 2 |
|   |   |   | 4 |   |   | 9 |   |   |

| 6 | 9 | 5 | 2 | 4 | 8 | 7 | 1 | 3 |
|---|---|---|---|---|---|---|---|---|
| 4 | 1 | 3 | 9 | 6 | 7 | 8 | 2 | 5 |
| 2 | 7 | 8 | 3 | 5 | 1 | 4 | 9 | 6 |
| 7 | 2 | 4 | 8 | 9 | 6 | 5 | 3 | 1 |
| 9 | 8 | 6 | 1 | 3 | 5 | 2 | 7 | 4 |
| 3 | 5 | 1 | 7 | 2 | 4 | 6 | 8 | 9 |
| 1 | 6 | 2 | 5 | 8 | 9 | 3 | 4 | 7 |
| 8 | 4 | 9 | 6 | 7 | 3 | 1 | 5 | 2 |
| 5 | 3 | 7 | 4 | 1 | 2 | 9 | 6 | 8 |

# Puzzle 1

| | | | | | | | | |
|---|---|---|---|---|---|---|---|---|
| | | | 7 | 4 | | 2 | | |
| | | | | | 3 | 8 | | 1 |
| 3 | | 2 | | | | | | 9 |
| | 4 | 7 | | 3 | | 5 | 6 | |
| 5 | | | | 7 | | | | 4 |
| | 3 | 6 | | 2 | | 1 | 9 | |
| 6 | | | | | | 9 | | 8 |
| 2 | | 8 | 6 | | | | | |
| | | 9 | | 8 | 1 | | | |

# Puzzle 2

| | | | | | | | | |
|---|---|---|---|---|---|---|---|---|
| | | | 5 | | 7 | | | 4 |
| | | 5 | 8 | 4 | | | 2 | |
| | 4 | 9 | | | 2 | | | 8 |
| | | 2 | | 3 | | | 1 | |
| | 7 | | | | | | 9 | |
| | 6 | | | 7 | | 3 | | |
| 1 | | | 2 | | | 6 | 7 | |
| | 3 | | | 6 | 4 | 9 | | |
| 6 | | | 7 | | 3 | | | |

# Puzzle 3

| | | | | | | | | |
|---|---|---|---|---|---|---|---|---|
| | 2 | | 6 | | 5 | 4 | 9 | |
| 8 | | | 4 | 2 | 7 | | 3 | |
| 7 | | | | | | 5 | | |
| 9 | 5 | | 8 | | | | | |
| | | | | | | | | |
| | | | | | 2 | | 4 | 8 |
| | | 7 | | | | | | 4 |
| | 4 | | 5 | 7 | 9 | | | 6 |
| | 3 | 9 | 2 | | 4 | | 7 | |

# Puzzle 4

|   |   |   |   |   |   |   |   |   |
|---|---|---|---|---|---|---|---|---|
|   |   | 2 | 9 |   | 3 | 4 |   |   |
|   |   |   |   |   |   |   |   |   |
| 7 |   | 4 |   |   | 2 | 3 | 1 |   |
| 2 |   |   |   | 9 |   | 6 | 8 |   |
| 9 |   |   | 2 |   | 6 |   |   | 1 |
|   | 7 | 8 |   | 3 |   |   |   | 9 |
|   | 1 | 7 | 6 |   |   | 8 |   | 5 |
|   |   |   |   |   |   |   |   |   |
|   |   | 5 | 8 |   | 4 | 2 |   |   |

# Puzzle 5

| | | | | | | | | |
|---|---|---|---|---|---|---|---|---|
| | | | | 3 | | | 7 | 2 |
| 3 | | 1 | | 9 | | | | 8 |
| | | | 1 | | 6 | 5 | | |
| | | 5 | | | | | 4 | 7 |
| | 3 | | 2 | | 1 | | 5 | |
| 4 | 8 | | | | | 6 | | |
| | | 8 | 6 | | 3 | | | |
| 6 | | | | 2 | | 3 | | 4 |
| 5 | 2 | | | 7 | | | | |

# Puzzle 6

|   |   |   |   |   |   |   |   |   |
|---|---|---|---|---|---|---|---|---|
|   |   | 9 |   |   | 1 |   | 5 | 7 |
|   |   |   |   |   |   |   |   |   |
| 3 | 1 |   | 8 | 9 |   | 4 | 6 |   |
| 2 |   | 8 |   |   | 5 |   |   |   |
|   |   | 1 | 7 |   | 2 | 6 |   |   |
|   |   |   | 4 |   |   | 7 |   | 9 |
|   | 5 | 7 |   | 2 | 3 |   | 4 | 8 |
|   |   |   |   |   |   |   |   |   |
| 6 | 9 |   | 1 |   |   | 5 |   |   |

# Puzzle 7

|   |   |   |   |   |   |   |   |   |
|---|---|---|---|---|---|---|---|---|
|   |   | 9 |   | 3 |   |   |   |   |
| 5 | 2 | 1 | 7 |   |   |   | 9 |   |
|   |   |   |   |   | 2 | 1 |   |   |
|   | 7 | 6 | 2 |   |   |   | 3 |   |
|   |   | 2 | 1 |   | 3 | 7 |   |   |
|   | 5 |   |   |   | 4 | 9 | 8 |   |
|   |   | 4 | 9 |   |   |   |   |   |
|   | 8 |   |   |   | 5 | 2 | 6 | 3 |
|   |   |   |   | 2 |   | 8 |   |   |

# Puzzle 8

|   |   |   |   |   |   |   |   |   |
|---|---|---|---|---|---|---|---|---|
|  | 1 | 7 | 5 |  |  |  |  |  |
|  | 5 | 8 |  | 1 | 3 |  |  |  |
|  |  |  | 6 |  |  | 8 | 1 |  |
|  |  | 2 |  |  | 5 | 9 |  |  |
| 9 |  |  | 3 |  | 7 |  |  | 8 |
|  |  | 5 | 1 |  |  | 3 |  |  |
|  | 8 | 9 |  |  | 6 |  |  |  |
|  |  |  | 2 | 9 |  | 4 | 8 |  |
|  |  |  |  |  | 4 | 6 | 3 |  |

# Puzzle 9

|   |   |   |   |   |   |   |   |   |
|---|---|---|---|---|---|---|---|---|
|   | 9 |   |   |   | 4 |   | 2 |   |
| 6 |   | 2 |   | 8 |   | 3 |   | 1 |
| 8 | 4 |   | 3 |   |   |   | 6 |   |
|   | 6 | 1 |   | 2 |   |   |   |   |
|   |   |   |   | 7 |   |   |   |   |
|   |   |   |   | 3 |   | 1 | 5 |   |
|   | 2 |   |   |   | 8 |   | 1 | 4 |
| 4 |   | 6 |   | 5 |   | 8 |   | 9 |
|   | 7 |   | 6 |   |   |   | 3 |   |

# Puzzle 10

| | | | | | | | | |
|---|---|---|---|---|---|---|---|---|
| | | 2 | | 3 | | 1 | 8 | 6 |
| 9 | | | 5 | 4 | | | | |
| | 8 | 7 | | | | | 4 | |
| 4 | | | | | 7 | | | |
| 1 | 5 | | | 9 | | | 7 | 8 |
| | | | 3 | | | | | 4 |
| | 1 | | | | | 8 | 3 | |
| | | | | 2 | 3 | | | 5 |
| 8 | 2 | 3 | | 6 | | 4 | | |

# Puzzle 11

|   |   |   |   |   |   |   |   |   |
|---|---|---|---|---|---|---|---|---|
|   | 9 |   |   |   |   | 7 |   | 3 |
| 4 |   |   |   | 6 |   | 8 |   |   |
|   | 7 |   |   | 5 |   |   | 9 | 6 |
| 7 |   |   | 8 |   |   | 5 |   | 1 |
|   |   |   | 1 | 3 | 5 |   |   |   |
| 3 |   | 1 |   |   | 4 |   |   | 9 |
| 1 | 6 |   |   | 8 |   |   | 4 |   |
|   |   | 9 |   | 7 |   |   |   | 2 |
| 5 |   | 7 |   |   |   |   | 6 |   |

# Puzzle 12

| | | | | | | | | |
|---|---|---|---|---|---|---|---|---|
| | | 4 | | 3 | | | 7 | 9 |
| | | 5 | 6 | | | | 1 | |
| 3 | | 1 | 5 | | 4 | | | |
| | | | 4 | | | 6 | | 1 |
| 1 | | | | 7 | | | | 2 |
| 2 | | 9 | | | 1 | | | |
| | | | 3 | | 5 | 9 | | 6 |
| | 9 | | | | 6 | 1 | | |
| 8 | 6 | | | 1 | | 7 | | |

# Puzzle 13

| | | | | | | | | |
|---|---|---|---|---|---|---|---|---|
| 9 | | 1 | 6 | | | 5 | | |
| 8 | | | 5 | 9 | | 4 | | |
| | 5 | 7 | | 4 | | | | |
| | | 4 | | 2 | | | 8 | |
| | | | 7 | | 8 | | | |
| | 9 | | | 1 | | 6 | | |
| | | | | 6 | | 8 | 2 | |
| | | 5 | | 8 | 4 | | | 9 |
| | | 9 | | | 5 | 1 | | 3 |

# Puzzle 14

| | | | | | | | | |
|---|---|---|---|---|---|---|---|---|
| 4 | 2 | | | | | 7 | | 8 |
| | 8 | | | | | | | |
| 1 | | 9 | 4 | 8 | | | | |
| 2 | 7 | | | | 6 | | 8 | |
| 9 | | | 2 | 5 | 8 | | | 6 |
| | 3 | | 9 | | | | 5 | 4 |
| | | | | 1 | 5 | 8 | | 7 |
| | | | | | | | 9 | |
| 6 | | 8 | | | | | 2 | 5 |

# Puzzle 15

| | | | | | | | | |
|---|---|---|---|---|---|---|---|---|
| | | | | | | 5 | | |
| 1 | 6 | | 4 | | | 7 | | |
| | 5 | | 2 | | 9 | 3 | | |
| | | 6 | 1 | | | | 3 | |
| 9 | 3 | | 8 | | 5 | | 2 | 7 |
| | 8 | | | | 6 | 1 | | |
| | | 2 | 9 | | 3 | | 8 | |
| | | 7 | | | 1 | | 6 | 3 |
| | | 5 | | | | | | |

# Puzzle 16

| | | | | | | | | |
|---|---|---|---|---|---|---|---|---|
| | | 6 | 5 | | 4 | | | |
| 3 | | | | 2 | 1 | 7 | | 9 |
| | 2 | | | 8 | | | 6 | |
| | | 7 | 4 | | | | 9 | |
| 5 | | | | 7 | | | | 1 |
| | 4 | | | | 6 | 2 | | |
| | 7 | | | 6 | | | 5 | |
| 6 | | 5 | 3 | 4 | | | | 8 |
| | | | 8 | | 2 | 6 | | |

# Puzzle 17

| | | | | | | | | |
|---|---|---|---|---|---|---|---|---|
| 7 | | 8 | 4 | 1 | | 6 | | |
| | | | 2 | | | | 9 | |
| | 6 | | 9 | | | | 7 | 5 |
| | | 6 | | | | 5 | | 7 |
| 3 | | | | 5 | | | | 2 |
| 8 | | 9 | | | | 3 | | |
| 6 | 4 | | | | 9 | | 3 | |
| | 8 | | | | 2 | | | |
| | | 7 | | 3 | 8 | 1 | | 4 |

# Puzzle 18

| | | | | | | | | |
|---|---|---|---|---|---|---|---|---|
| | | 8 | | | 7 | | 6 | |
| | 6 | | | | 2 | 8 | 1 | |
| 2 | | 3 | | | | | | 7 |
| 3 | | | | | 8 | | 5 | 6 |
| | | | 7 | 1 | 6 | | | |
| 6 | 2 | | 9 | | | | | 8 |
| 9 | | | | | | 7 | | 5 |
| | 8 | 1 | 2 | | | | 9 | |
| | 7 | | 8 | | | 3 | | |

# Puzzle 19

| | | | | | | | | |
|---|---|---|---|---|---|---|---|---|
| 7 | | | | 4 | | | | |
| | | | 6 | | | | 4 | |
| 6 | | | 9 | 5 | 1 | 2 | | |
| 8 | | | 2 | | 9 | 5 | | 4 |
| | 2 | | | | | | 7 | |
| 4 | | 3 | 7 | | 8 | | | 6 |
| | | 7 | 4 | 8 | 6 | | | 9 |
| | 8 | | | | 7 | | | |
| | | | | 2 | | | | 3 |

# Puzzle 20

| | | | | | | | | |
|---|---|---|---|---|---|---|---|---|
| 1 | | 4 | | | 7 | | | |
| 2 | | 6 | 1 | | | | 9 | 3 |
| | | | 2 | 6 | | | | |
| 8 | | | | | 3 | | 6 | |
| | 6 | | 7 | 1 | 2 | | 8 | |
| | 5 | | 4 | | | | | 9 |
| | | | | 7 | 5 | | | |
| 5 | 1 | | | | 8 | 2 | | 6 |
| | | | 9 | | | 4 | | 8 |

# Puzzle 21

|   |   |   |   |   |   |   |   |   |
|---|---|---|---|---|---|---|---|---|
|   |   | 5 |   | 4 |   |   |   | 9 |
| 8 | 4 |   | 2 | 3 |   |   | 7 |   |
| 1 |   |   |   |   |   |   | 6 |   |
| 2 |   |   |   | 1 |   |   | 4 | 7 |
|   | 5 |   |   |   |   |   | 2 |   |
| 3 | 7 |   |   | 6 |   |   |   | 1 |
|   | 6 |   |   |   |   |   |   | 8 |
|   | 9 |   |   | 2 | 4 |   | 1 | 3 |
| 5 |   |   |   | 8 |   | 2 |   |   |

# Puzzle 22

| | | | | | | | | |
|---|---|---|---|---|---|---|---|---|
| | 4 | | | 6 | | | 8 | 1 |
| | | 6 | | | | | | 7 |
| 5 | 8 | 9 | | | | | | |
| | | 1 | 8 | 2 | | 3 | 4 | |
| | | | 9 | | 6 | | | |
| | 6 | 7 | | 4 | 3 | 1 | | |
| | | | | | | 8 | 9 | 2 |
| 6 | | | | | | 4 | | |
| 2 | 7 | | | 8 | | | 1 | |

# Puzzle 23

| | | | | | | | | |
|---|---|---|---|---|---|---|---|---|
| | | | | | | 6 | | 9 |
| 6 | | 4 | 1 | | | 5 | | |
| 9 | | | | 4 | 2 | | | 3 |
| | 5 | | 4 | 2 | 8 | 1 | | |
| | | | | | | | | |
| | | 3 | 7 | 9 | 6 | | 5 | |
| 5 | | | 9 | 8 | | | | 2 |
| | | 6 | | | 5 | 3 | | 1 |
| 1 | | 2 | | | | | | |

# Puzzle 24

| | | | | | | | | |
|---|---|---|---|---|---|---|---|---|
| | | 7 | 2 | 4 | 8 | | 6 | |
| | 9 | | | 5 | | | 7 | |
| 2 | | | | | | | 3 | |
| | 2 | 3 | | | 1 | 7 | | 4 |
| | | | | 8 | | | | |
| 1 | | 6 | 4 | | | 8 | 9 | |
| | 7 | | | | | | | 2 |
| | 6 | | | 7 | | | 4 | |
| | 3 | | 6 | 1 | 4 | 5 | | |

# Puzzle 25

| | | | | | | | | |
|---|---|---|---|---|---|---|---|---|
| 1 | | 7 | | | | | | 9 |
| | 4 | | | | 7 | | 2 | |
| | 6 | | 2 | | 9 | 1 | 7 | 3 |
| | | 2 | 5 | | 1 | | | |
| | | | | 2 | | | | |
| | | | 4 | | 8 | 6 | | |
| 2 | 9 | 4 | 3 | | 6 | | 5 | |
| | 3 | | 1 | | | | 9 | |
| 6 | | | | | | 3 | | 7 |

# Puzzle 26

|   |   |   |   |   |   |   |   |   |
|---|---|---|---|---|---|---|---|---|
|   |   | 2 |   |   |   | 7 |   |   |
|   | 8 |   |   |   | 5 | 1 |   | 9 |
|   |   |   |   | 6 | 9 |   | 3 | 8 |
|   | 6 | 5 | 3 |   |   | 2 |   |   |
|   |   | 7 |   | 9 |   | 6 |   |   |
|   |   | 8 |   |   | 1 | 3 | 7 |   |
| 8 | 3 |   | 7 | 5 |   |   |   |   |
| 1 |   | 9 | 8 |   |   |   | 4 |   |
|   |   | 4 |   |   |   | 8 |   |   |

# Puzzle 27

| | | | | | | | | |
|---|---|---|---|---|---|---|---|---|
| | | | | | 9 | | 5 | 6 |
| | 6 | 9 | | 1 | | | | |
| 7 | | | | 2 | | | | 4 |
| | | | 2 | 8 | | 4 | | 5 |
| 3 | | | 7 | | 1 | | | 8 |
| 8 | | 2 | | 6 | 4 | | | |
| 5 | | | | 4 | | | | 7 |
| | | | | 7 | | 3 | 2 | |
| 2 | 7 | | 8 | | | | | |

# Puzzle 28

| | | | | | | | | |
|---|---|---|---|---|---|---|---|---|
| 3 | 7 | 6 | | | 5 | | | |
| | 9 | | | | | 7 | 8 | |
| 4 | | 2 | | | 7 | 1 | | |
| | | | 7 | 6 | | | | |
| | 4 | 1 | | 8 | | 5 | 7 | |
| | | | | 4 | 9 | | | |
| | | 3 | 4 | | | 9 | | 7 |
| | 2 | 4 | | | | | 6 | |
| | | | 9 | | | 4 | 3 | 1 |

# Puzzle 29

| | | | | | | | | |
|---|---|---|---|---|---|---|---|---|
| 5 | 4 | | | 8 | 1 | 9 | | |
| | 6 | | 3 | 4 | | | | 1 |
| 8 | | | | | | | 5 | |
| | | 1 | | | | | | 6 |
| | 3 | | 2 | | 4 | | 9 | |
| 7 | | | | | | 3 | | |
| | 2 | | | | | | | 7 |
| 4 | | | | 7 | 3 | | 2 | |
| | | 9 | 8 | 6 | | | 3 | 5 |

# Puzzle 30

| | | | | | | | | |
|---|---|---|---|---|---|---|---|---|
| | | 3 | 4 | 2 | | | 7 | |
| | | | | | | | 4 | 6 |
| 1 | 2 | | | 7 | | | | 8 |
| | 3 | | | 8 | 7 | | 2 | |
| | | | 6 | 4 | 2 | | | |
| | 5 | | 3 | 1 | | | 6 | |
| 7 | | | | 6 | | | 8 | 4 |
| 3 | 1 | | | | | | | |
| | 4 | | | 5 | 8 | 7 | | |

# Puzzle 31

| | | | | | | | | |
|---|---|---|---|---|---|---|---|---|
| 1 | | 8 | 5 | | 4 | | | |
| | | | | | | 2 | | 4 |
| | | | 3 | | | 7 | 8 | |
| 4 | | | | | 2 | | 9 | |
| | 7 | 3 | 9 | 1 | 8 | 6 | 4 | |
| | 9 | | 6 | | | | | 5 |
| | 8 | 9 | | | 1 | | | |
| 6 | | 4 | | | | | | |
| | | | 8 | | 5 | 4 | | 3 |

# Puzzle 32

| | | | | | | | | |
|---|---|---|---|---|---|---|---|---|
| | 8 | | | | 2 | | 7 | 4 |
| 3 | | 5 | | | | | 9 | |
| | 2 | 6 | | | 9 | | | 8 |
| | 7 | | 3 | 1 | | | | |
| 1 | | | | | | | | 3 |
| | | | | 6 | 7 | | 8 | |
| 8 | | | 7 | | | 6 | 4 | |
| | 1 | | | | | 9 | | 5 |
| 6 | 3 | | 1 | | | | 2 | |

# Puzzle 33

| | | | | | | | | |
|---|---|---|---|---|---|---|---|---|
| 8 | | | 6 | | | | | 1 |
| | 9 | | 7 | | | 2 | | |
| | 3 | 2 | | 1 | | | | |
| 6 | | 5 | | 7 | | | 8 | |
| 7 | | 4 | | | | 5 | | 6 |
| | 2 | | | 6 | | 7 | | 4 |
| | | | | 4 | | 8 | 2 | |
| | | 3 | | | 9 | | 5 | |
| 4 | | | | | 7 | | | 9 |

# Puzzle 34

| | | | | | | | | |
|---|---|---|---|---|---|---|---|---|
| 9 | | | | | | | | |
| | | 6 | 1 | | | 8 | 4 | 3 |
| | 2 | | | | 4 | 9 | | |
| | | 2 | 6 | | 3 | | | 5 |
| | | 7 | 4 | 8 | 1 | 2 | | |
| 8 | | | 5 | | 9 | 7 | | |
| | | 3 | 7 | | | | 2 | |
| 4 | 7 | 9 | | | 5 | 3 | | |
| | | | | | | | | 4 |

# Puzzle 35

|   |   |   |   |   |   |   |   |   |
|---|---|---|---|---|---|---|---|---|
| 3 | 1 |   |   |   |   |   |   |   |
|   |   | 2 |   | 7 |   | 6 |   |   |
| 8 | 6 |   | 4 | 1 | 2 |   |   |   |
| 6 |   |   | 2 |   |   | 7 | 5 |   |
|   | 2 |   |   |   |   |   | 8 |   |
|   | 3 | 8 |   |   | 1 |   |   | 6 |
|   |   |   | 7 | 5 | 9 |   | 4 | 2 |
|   |   | 9 |   | 8 |   | 1 |   |   |
|   |   |   |   |   |   |   | 7 | 8 |

# Puzzle 36

| | | | | | | | | |
|---|---|---|---|---|---|---|---|---|
| 6 | | 9 | | | 2 | | 8 | |
| | | | | | 5 | 6 | | |
| 2 | 8 | | | | | | 3 | 4 |
| 3 | 9 | | 2 | | | | | |
| | | 4 | 3 | | 8 | 1 | | |
| | | | | | 6 | | 4 | 3 |
| 8 | 3 | | | | | | 7 | 5 |
| | | 2 | 5 | | | | | |
| | 5 | | 1 | | | 9 | | 6 |

# Puzzle 37

|   |   |   |   |   |   |   |   |   |
|---|---|---|---|---|---|---|---|---|
|   | 9 |   |   | 3 |   |   | 6 | 4 |
|   | 2 |   | 1 |   |   | 7 |   |   |
|   |   |   |   | 6 |   | 1 |   | 8 |
| 8 | 5 |   |   |   | 9 |   |   | 6 |
|   | 4 |   |   |   |   |   | 5 |   |
| 3 |   |   | 8 |   |   |   | 9 | 2 |
| 7 |   | 3 |   | 1 |   |   |   |   |
|   |   | 5 |   |   | 6 |   | 7 |   |
| 2 | 1 |   |   | 7 |   |   | 4 |   |

# Puzzle 38

|   |   |   |   |   |   |   |   |   |
|---|---|---|---|---|---|---|---|---|
|   | 7 | 3 | 6 | 2 | 4 |   | 9 |   |
|   |   | 4 |   | 1 |   |   |   |   |
|   |   |   |   |   | 3 |   |   | 8 |
|   |   |   | 9 |   |   | 3 |   |   |
| 6 | 3 |   | 2 |   | 5 |   | 8 | 4 |
|   |   | 5 |   |   | 8 |   |   |   |
| 7 |   |   | 1 |   |   |   |   |   |
|   |   |   |   | 4 |   | 2 |   |   |
|   | 2 |   | 3 | 8 | 9 | 1 | 4 |   |

# Puzzle 39

| | | | | | | | | |
|---|---|---|---|---|---|---|---|---|
| 3 | | 7 | | | | | | 1 |
| | | 2 | | 7 | 4 | 8 | | 5 |
| | | | 1 | | | | | 4 |
| 2 | | | 9 | | | | 8 | |
| | 9 | 3 | | | | 1 | 7 | |
| | 5 | | | | 7 | | | 6 |
| 7 | | | | | 2 | | | |
| 6 | | 9 | 8 | 1 | | 2 | | |
| 1 | | | | | | 3 | | 8 |

# Puzzle 40

| | | | | | | | | |
|---|---|---|---|---|---|---|---|---|
| 6 | | | | | 3 | | 9 | 2 |
| | | | | 6 | 5 | 8 | | |
| 3 | 1 | 5 | | | | | | |
| | | 1 | 6 | | 2 | | | 7 |
| | 9 | | | 8 | | | 6 | |
| 7 | | | 5 | | 1 | 4 | | |
| | | | | | | 3 | 8 | 4 |
| | | 3 | 8 | 7 | | | | |
| 4 | 6 | | 3 | | | | | 5 |

# Puzzle 41

| | | | | | | | | |
|---|---|---|---|---|---|---|---|---|
| | 3 | 2 | 7 | | | 5 | | |
| 1 | | | 8 | 9 | 5 | | | |
| | | 8 | | | 1 | | | |
| | | 4 | 9 | 2 | | | | 1 |
| | 1 | | | 8 | | | 5 | |
| 2 | | | | 5 | 7 | 6 | | |
| | | | 6 | | | 3 | | |
| | | | 3 | 4 | 9 | | | 2 |
| | | 1 | | | 2 | 8 | 4 | |

# Puzzle 42

| | | | | | | | | |
|---|---|---|---|---|---|---|---|---|
| 7 | | 2 | 9 | | | 1 | | 4 |
| | 5 | | | | 4 | | | 9 |
| | | | 1 | | 7 | | 3 | 5 |
| | | | 2 | | | | 9 | 6 |
| | | | | 1 | | | | |
| 6 | 8 | | | | 5 | | | |
| 4 | 1 | | 7 | | 3 | | | |
| 9 | | | 4 | | | | 6 | |
| 3 | | 8 | | | 2 | 7 | | 1 |

# Puzzle 43

|   |   |   |   |   |   |   |   |   |
|---|---|---|---|---|---|---|---|---|
|   | 2 |   |   |   |   |   | 1 |   |
| 9 |   |   |   | 1 |   | 3 |   | 5 |
|   |   | 7 | 2 |   | 5 |   | 9 |   |
| 5 |   |   |   | 4 |   |   | 7 |   |
| 7 |   | 1 |   |   |   | 4 |   | 8 |
|   | 4 |   |   | 3 |   |   |   | 2 |
|   | 5 |   | 1 |   | 4 | 6 |   |   |
| 8 |   | 3 |   | 2 |   |   |   | 1 |
|   | 6 |   |   |   |   |   | 8 |   |

# Puzzle 44

|   |   |   |   |   |   |   |   |   |
|---|---|---|---|---|---|---|---|---|
|   |   | 4 |   | 7 |   | 1 |   |   |
| 8 |   | 1 |   | 5 |   |   | 2 |   |
|   |   | 2 |   | 4 | 6 |   |   | 3 |
| 1 | 6 |   |   | 8 | 7 |   |   |   |
|   |   |   |   |   |   |   |   |   |
|   |   |   | 5 | 9 |   |   | 6 | 8 |
| 4 |   |   | 7 | 2 |   | 8 |   |   |
|   | 8 |   |   | 3 |   | 6 |   | 1 |
|   |   | 3 |   | 1 |   | 9 |   |   |

# Puzzle 45

| | | | | | | | | |
|---|---|---|---|---|---|---|---|---|
| 7 | | 6 | | 3 | | 4 | | 1 |
| 3 | 9 | 4 | | | 7 | | | |
| | | | 2 | | | | | |
| 9 | 8 | | | 4 | | | 6 | |
| | | | 9 | | 5 | | | |
| | 3 | | | 6 | | | 1 | 8 |
| | | | | | 1 | | | |
| | | | 8 | | | 1 | 4 | 7 |
| 8 | | 7 | | 2 | | 5 | | 9 |

# Puzzle 46

|   |   |   |   |   |   |   |   |   |
|---|---|---|---|---|---|---|---|---|
|   |   |   |   | 5 |   |   | 6 |   |
| 2 |   | 5 |   | 3 |   |   |   |   |
|   |   |   |   |   | 7 | 2 | 1 | 5 |
| 6 | 5 |   |   | 4 | 1 |   | 9 |   |
|   |   | 7 |   |   |   | 3 |   |   |
|   | 1 |   | 8 | 7 |   |   | 2 | 4 |
| 9 | 2 | 8 | 7 |   |   |   |   |   |
|   |   |   |   | 6 |   | 7 |   | 2 |
|   | 3 |   |   | 8 |   |   |   |   |

# Puzzle 47

| | | | | | | | | |
|---|---|---|---|---|---|---|---|---|
| 5 | | 6 | 1 | 7 | | 2 | | |
| | 8 | | | 9 | 3 | | 1 | 5 |
| | | | | | 8 | 4 | | |
| | | | | | | 6 | | 9 |
| | 2 | | | 3 | | | 7 | |
| 7 | | 8 | | | | | | |
| | | 9 | 3 | | | | | |
| 6 | 3 | | 7 | 8 | | | 2 | |
| | | 2 | | 6 | 1 | 8 | | 7 |

# Puzzle 48

| | | | | | | | | |
|---|---|---|---|---|---|---|---|---|
| 3 | | 7 | | 6 | 9 | | | 5 |
| | | 4 | 2 | | 1 | | 6 | |
| | | | | | | 2 | | |
| | 9 | | | | 4 | | 2 | |
| 5 | | 6 | | | | 3 | | 7 |
| | 1 | | 6 | | | | 5 | |
| | | 8 | | | | | | |
| | 4 | | 7 | | 5 | 8 | | |
| 2 | | | 9 | 4 | | 1 | | 6 |

# Puzzle 49

|   |   |   |   |   |   |   |   |   |
|---|---|---|---|---|---|---|---|---|
|   | 7 |   |   | 5 | 9 | 3 | 4 |   |
|   | 6 |   |   | 2 | 7 |   | 9 |   |
|   |   |   | 1 |   |   |   |   |   |
| 4 |   |   | 5 |   |   | 1 |   |   |
|   | 1 | 8 |   | 4 |   | 2 | 6 |   |
|   |   | 7 |   |   | 8 |   |   | 3 |
|   |   |   |   |   | 4 |   |   |   |
|   | 9 |   | 6 | 8 |   |   | 2 |   |
|   | 8 | 1 | 2 | 9 |   |   | 3 |   |

# Puzzle 50

| | | | | | | | | |
|---|---|---|---|---|---|---|---|---|
| | | 4 | 1 | | 9 | | | |
| | | | 7 | 4 | | | | 5 |
| 9 | | 5 | | | 8 | | | 4 |
| | 4 | 6 | | 9 | | | | 7 |
| | 3 | | | | | | 6 | |
| 2 | | | | 1 | | 5 | 3 | |
| 4 | | | 5 | | | 7 | | 3 |
| 7 | | | | 6 | 4 | | | |
| | | | 2 | | 7 | 9 | | |

# Puzzle 51

| | | | | | | | | |
|---|---|---|---|---|---|---|---|---|
| | | | 4 | | 8 | 2 | | 1 |
| | | 7 | | 9 | 6 | | 3 | 5 |
| | 6 | 1 | | | | | 7 | |
| 9 | | | | | 5 | | | |
| | | | 8 | | 7 | | | |
| | | | 6 | | | | | 7 |
| | 2 | | | | | 1 | 5 | |
| 1 | 4 | | 9 | 6 | | 7 | | |
| 8 | | 6 | 7 | | 1 | | | |

# Puzzle 52

| | | | | | | | | |
|---|---|---|---|---|---|---|---|---|
| 1 | | | | | 6 | 7 | | |
| | | 7 | | 8 | 2 | | 6 | |
| 3 | | 8 | 7 | | | | | 9 |
| | 9 | | | | 1 | | 7 | |
| | | | 5 | 2 | 7 | | | |
| | 1 | | 3 | | | | 2 | |
| 5 | | | | | 9 | 3 | | 2 |
| | 8 | | 1 | 5 | | 6 | | |
| | | 9 | 2 | | | | | 5 |

# Puzzle 53

| | | | | | | | | |
|---|---|---|---|---|---|---|---|---|
| 4 | | | 2 | | 8 | 6 | | 9 |
| | | | 5 | | | 2 | 8 | |
| 9 | | 2 | | | | 4 | | |
| 7 | 9 | | | | 1 | | | |
| 2 | | | | | | | | 8 |
| | | | 7 | | | | 6 | 5 |
| | | 6 | | | | 1 | | 3 |
| | 7 | 9 | | | 4 | | | |
| 3 | | 8 | 6 | | 7 | | | 4 |

# Puzzle 54

|   |   |   |   |   |   |   |   |   |
|---|---|---|---|---|---|---|---|---|
|   |   |   | 4 |   |   |   | 5 |   |
|   | 5 |   | 1 |   | 3 | 8 |   | 9 |
| 9 |   |   | 6 |   |   |   |   | 1 |
| 2 | 9 | 3 |   |   | 6 |   |   |   |
|   | 4 |   |   | 1 |   |   | 9 |   |
|   |   |   | 9 |   |   | 7 | 2 | 6 |
| 4 |   |   |   |   | 1 |   |   | 7 |
| 3 |   | 7 | 2 |   | 9 |   | 4 |   |
|   | 1 |   |   |   | 5 |   |   |   |

# Puzzle 55

| | | | | | | | | |
|---|---|---|---|---|---|---|---|---|
| | | | 1 | | | 3 | | 2 |
| | | | | 9 | 4 | 5 | | |
| 2 | 4 | | 6 | 5 | 3 | | | |
| 9 | | | | | | 8 | | |
| 7 | 6 | | | 3 | | | 2 | 5 |
| | | 2 | | | | | | 1 |
| | | | 3 | 4 | 7 | | 5 | 6 |
| | | 4 | 5 | 6 | | | | |
| 6 | | 9 | | | 2 | | | |

# Puzzle 56

| | | | | | | | | |
|---|---|---|---|---|---|---|---|---|
| 3 | | | 8 | | | 1 | | 7 |
| 5 | | | | | 3 | | | |
| | | | 1 | 9 | 2 | 5 | | |
| | 7 | 2 | | | 8 | | | |
| | 3 | 4 | | 2 | | 7 | 9 | |
| | | | 9 | | | 6 | 4 | |
| | | 3 | 4 | 8 | 6 | | | |
| | | | 2 | | | | | 3 |
| 2 | | 7 | | | 5 | | | 9 |

# Puzzle 57

|   |   |   |   |   |   |   |   |   |
|---|---|---|---|---|---|---|---|---|
|   |   | 1 |   | 2 | 3 | 5 |   | 8 |
| 3 |   |   | 4 |   |   |   |   |   |
|   |   |   | 7 | 5 |   |   |   | 1 |
|   |   | 8 |   |   |   | 4 | 3 | 6 |
|   | 3 |   |   |   |   |   | 7 |   |
| 1 | 6 | 5 |   |   |   | 2 |   |   |
| 2 |   |   |   | 4 | 5 |   |   |   |
|   |   |   |   |   | 9 |   |   | 4 |
| 4 |   | 3 | 1 | 8 |   | 6 |   |   |

# Puzzle 58

| | | | | | | | | |
|---|---|---|---|---|---|---|---|---|
| 4 | 2 | 6 | 7 | | 5 | | | |
| | 1 | | | 4 | | | | 7 |
| | | | 9 | | 2 | | | 1 |
| | | | | | | 1 | | 5 |
| 7 | 5 | | | | | | 3 | 9 |
| 2 | | 9 | | | | | | |
| 8 | | | 2 | | 3 | | | |
| 5 | | | | 9 | | | 6 | |
| | | | 8 | | 4 | 5 | 7 | 3 |

# Puzzle 59

| | | | | | | | | |
|---|---|---|---|---|---|---|---|---|
| | | | 6 | | | 7 | | 8 |
| | | 1 | 9 | 2 | 7 | | 4 | 6 |
| | 4 | | | 3 | | | 9 | |
| | 3 | | | | | | | 5 |
| 5 | | | | 1 | | | | 3 |
| 6 | | | | | | | 2 | |
| | 6 | | | 9 | | | 1 | |
| 1 | 7 | | 8 | 6 | 2 | 5 | | |
| 4 | | 3 | | | 5 | | | |

# Puzzle 60

| | | | | | | | | |
|---|---|---|---|---|---|---|---|---|
| 9 | 5 | 3 | | 4 | | | | |
| | | 6 | 3 | | 8 | 7 | | |
| | | 1 | 9 | 2 | | | | |
| | 3 | 8 | 5 | | | | | |
| | 2 | | | 8 | | | 6 | |
| | | | | | 3 | 8 | 2 | |
| | | | | 5 | 7 | 3 | | |
| | | 2 | 8 | | 1 | 6 | | |
| | | | | 6 | | 2 | 1 | 5 |

# Puzzle 61

| | | | | | | | | |
|---|---|---|---|---|---|---|---|---|
| 5 | | | | | | | 7 | |
| | | | | 1 | 3 | | 4 | |
| 4 | 3 | | | | 7 | | | |
| 1 | 8 | | | | 2 | 7 | 6 | |
| 3 | | | 8 | | 6 | | | 5 |
| | 2 | 6 | 1 | | | | 8 | 3 |
| | | | 7 | | | | 2 | 8 |
| | 6 | | 5 | 8 | | | | |
| | 4 | | | | | | | 9 |

# Puzzle 62

| | | | | | | | | |
|---|---|---|---|---|---|---|---|---|
| 8 | | | | | | 7 | | |
| 4 | | | 6 | | | | | |
| | 7 | | | | 2 | 8 | 6 | 5 |
| 3 | | | 1 | 7 | | | 2 | |
| 1 | | 4 | | | | 3 | | 8 |
| | 9 | | | 3 | 8 | | | 1 |
| 2 | 3 | 6 | 8 | | | | 5 | |
| | | | | | 6 | | | 2 |
| | | 8 | | | | | | 3 |

# Puzzle 63

| | | | | | | | | |
|---|---|---|---|---|---|---|---|---|
| 8 | | | | 4 | | | 5 | 6 |
| 4 | | | 3 | | 9 | 1 | | |
| | | | | | 8 | | 2 | |
| | 8 | | 2 | | | | | 1 |
| 5 | 3 | | | | | | 9 | 8 |
| 7 | | | | | 1 | | 6 | |
| | 1 | | 5 | | | | | |
| | | 8 | 7 | | 3 | | | 4 |
| 6 | 7 | | | 1 | | | | 2 |

# Puzzle 64

|   |   |   |   |   |   |   |   |   |
|---|---|---|---|---|---|---|---|---|
|   | 4 |   |   |   |   | 6 |   | 1 |
|   |   |   |   |   |   | 3 | 7 |   |
|   |   | 8 |   | 7 |   |   | 4 |   |
|   | 5 | 2 | 4 |   |   |   |   | 9 |
| 3 | 1 |   | 9 |   | 2 |   | 8 | 4 |
| 4 |   |   |   |   | 8 | 2 | 3 |   |
|   | 3 |   |   | 6 |   | 5 |   |   |
|   | 7 | 1 |   |   |   |   |   |   |
| 6 |   | 9 |   |   |   |   | 1 |   |

# Puzzle 65

|   |   |   |   |   |   |   |   |   |
|---|---|---|---|---|---|---|---|---|
|   |   |   |   | 5 |   |   |   |   |
|   | 3 | 1 | 2 | 7 |   |   | 8 |   |
| 2 |   | 6 |   |   |   | 4 |   | 9 |
|   |   |   |   | 9 | 7 | 3 |   |   |
|   | 7 |   | 5 |   | 3 |   | 6 |   |
|   |   | 3 | 8 | 2 |   |   |   |   |
| 7 |   | 2 |   |   |   | 1 |   | 4 |
|   | 9 |   |   | 8 | 2 | 5 | 3 |   |
|   |   |   |   | 4 |   |   |   |   |

# Puzzle 66

| | | | | | | | | |
|---|---|---|---|---|---|---|---|---|
| 1 | | | | | 8 | | | |
| 2 | | 5 | | 3 | | | 7 | |
| 8 | 6 | | 4 | | | | | 5 |
| 6 | | 2 | | | 1 | | | |
| | 8 | 7 | | | | 3 | 5 | |
| | | | 8 | | | 6 | | 4 |
| 9 | | | | | 4 | | 3 | 6 |
| | 4 | | | 6 | | 7 | | 2 |
| | | | 5 | | | | | 9 |

# Puzzle 67

| | | | | | | | | |
|---|---|---|---|---|---|---|---|---|
| | | 7 | | 1 | | | 9 | 3 |
| 2 | | 5 | | | | | | 8 |
| | 6 | 3 | | 2 | | | | 5 |
| | | | | | 4 | | 7 | |
| | | 9 | 2 | 8 | 6 | 5 | | |
| | 4 | | 3 | | | | | |
| 6 | | | | 7 | | 4 | 5 | |
| 5 | | | | | | 6 | | 2 |
| 9 | 2 | | | 6 | | 3 | | |

# Puzzle 68

|   |   |   |   |   |   |   |   |   |
|---|---|---|---|---|---|---|---|---|
|   | 4 |   |   | 8 |   | 6 | 2 |   |
| 2 |   |   |   |   |   | 8 |   |   |
|   | 5 |   | 4 | 1 |   | 9 |   |   |
|   |   |   | 1 |   |   | 7 | 9 |   |
| 7 |   |   | 5 |   | 8 |   |   | 6 |
|   | 3 | 9 |   |   | 6 |   |   |   |
|   |   | 3 |   | 2 | 9 |   | 5 |   |
|   |   | 4 |   |   |   |   |   | 8 |
|   | 2 | 8 |   | 4 |   |   | 6 |   |

# Puzzle 69

|   |   |   |   |   |   |   |   |   |
|---|---|---|---|---|---|---|---|---|
|   | 9 |   |   |   | 6 | 5 |   |   |
| 5 |   |   | 8 |   |   |   |   |   |
| 7 |   |   |   |   |   | 8 | 3 | 2 |
|   |   | 5 | 7 | 8 |   |   | 2 | 6 |
|   |   |   | 5 | 9 | 2 |   |   |   |
| 2 | 3 |   |   | 4 | 1 | 7 |   |   |
| 1 | 2 | 6 |   |   |   |   |   | 5 |
|   |   |   |   |   | 5 |   |   | 9 |
|   |   | 7 | 1 |   |   |   | 8 |   |

# Puzzle 70

| | | | | | | | | |
|---|---|---|---|---|---|---|---|---|
| 5 | | 8 | 6 | | | | | |
| | | 3 | | | 1 | | | 6 |
| | 7 | 9 | | | 3 | | 5 | |
| | | 2 | | 9 | | | 7 | |
| 3 | 5 | | | | | | 1 | 9 |
| | 8 | | | 7 | | 4 | | |
| | 9 | | 8 | | | 3 | 4 | |
| 8 | | | 5 | | | 1 | | |
| | | | | | 9 | 6 | | 8 |

# Puzzle 71

| | | | | | | | | |
|---|---|---|---|---|---|---|---|---|
| | | 9 | 8 | | | 1 | | |
| | 2 | | | | 9 | | 3 | 8 |
| | 1 | | | 6 | | | | 4 |
| 5 | | 7 | | | | | 4 | |
| 2 | | | 7 | | 6 | | | 9 |
| | 4 | | | | | 8 | | 2 |
| 9 | | | | 5 | | | 8 | |
| 4 | 5 | | 1 | | | | 6 | |
| | | 6 | | | 8 | 7 | | |

# Puzzle 72

|   |   |   |   |   |   |   |   |   |
|---|---|---|---|---|---|---|---|---|
| 2 | 3 | 5 | 6 |   |   |   |   |   |
|   |   |   |   |   |   |   |   | 6 |
| 7 | 4 |   | 8 | 9 | 1 |   |   |   |
|   | 5 |   |   |   |   |   | 6 | 2 |
| 3 |   |   | 1 |   | 5 |   |   | 4 |
| 9 | 7 |   |   |   |   |   | 1 |   |
|   |   |   | 4 | 1 | 3 |   | 2 | 5 |
| 8 |   |   |   |   |   |   |   |   |
|   |   |   |   |   | 6 | 1 | 3 | 9 |

# Puzzle 73

|   |   |   |   |   |   |   |   |   |
|---|---|---|---|---|---|---|---|---|
|   | 9 |   |   |   | 3 | 8 |   | 2 |
|   | 5 |   | 6 |   |   |   |   | 3 |
|   |   | 1 |   | 5 |   | 4 |   |   |
|   | 4 | 8 | 1 | 9 |   | 7 |   |   |
|   |   |   |   |   |   |   |   |   |
|   |   | 2 |   | 4 | 7 | 3 | 9 |   |
|   |   | 4 |   | 6 |   | 2 |   |   |
| 1 |   |   |   |   | 9 |   | 7 |   |
| 5 |   | 9 | 3 |   |   |   | 4 |   |

# Puzzle 74

|   |   |   |   |   |   |   |   |   |
|---|---|---|---|---|---|---|---|---|
|   | 2 |   | 9 |   | 1 | 6 | 4 |   |
|   |   | 4 |   |   | 2 |   |   |   |
| 9 |   |   |   |   |   |   | 2 |   |
|   |   |   |   |   | 8 | 7 | 3 | 5 |
| 1 |   | 5 |   | 4 |   | 2 |   | 8 |
| 7 | 8 | 2 | 3 |   |   |   |   |   |
|   | 6 |   |   |   |   |   |   | 3 |
|   |   |   | 1 |   |   | 8 |   |   |
|   | 4 | 8 | 5 |   | 9 |   | 6 |   |

# Puzzle 75

| | | | | | | | | |
|---|---|---|---|---|---|---|---|---|
| 4 | 6 | 9 | | | | | | |
| | 2 | 5 | | | | | | |
| 1 | | | | 4 | | 5 | | 3 |
| | | 2 | | | 7 | | 5 | 9 |
| | 1 | 4 | | 3 | | 8 | 6 | |
| 7 | 5 | | 9 | | | 4 | | |
| 2 | | 6 | | 7 | | | | 5 |
| | | | | | | 7 | 2 | |
| | | | | | | 1 | 3 | 8 |

# Puzzle 76

| | | | | | | | | |
|---|---|---|---|---|---|---|---|---|
| 1 | | | | | | | | |
| | 6 | | | 1 | | 2 | 4 | 7 |
| | | | | 2 | | 8 | | 1 |
| 2 | | 5 | | | 1 | | | 4 |
| | 8 | 3 | | 6 | | 1 | 2 | |
| 9 | | | 8 | | | 5 | | 3 |
| 3 | | 7 | | 8 | | | | |
| 6 | 2 | 4 | | 9 | | | 5 | |
| | | | | | | | | 6 |

# Puzzle 77

|   |   |   |   |   |   |   |   |   |
|---|---|---|---|---|---|---|---|---|
|   | 1 | 5 |   | 6 | 3 |   | 4 |   |
|   |   |   |   |   |   |   |   |   |
| 4 |   |   | 1 |   | 8 | 5 |   |   |
|   | 6 |   | 8 |   |   |   | 2 | 3 |
| 2 |   |   | 4 | 3 | 9 |   |   | 8 |
| 1 | 3 |   |   |   | 6 |   | 5 |   |
|   |   | 9 | 3 |   | 1 |   |   | 7 |
|   |   |   |   |   |   |   |   |   |
|   | 4 |   | 7 | 5 |   | 1 | 8 |   |

# Puzzle 78

| | | | | | | | | |
|---|---|---|---|---|---|---|---|---|
| | | | | | 6 | | | |
| | | | 2 | 7 | 9 | 8 | | |
| | | 5 | 3 | | | 1 | | 2 |
| | 2 | | | | 7 | | 3 | |
| 1 | | 4 | 9 | 3 | 8 | 5 | | 6 |
| | 3 | | 5 | | | | 4 | |
| 9 | | 1 | | | 5 | 2 | | |
| | | 3 | 7 | 9 | 1 | | | |
| | | | 6 | | | | | |

# Puzzle 79

| | | | | | | | | |
|---|---|---|---|---|---|---|---|---|
| | | | | | | 2 | | |
| | 2 | 8 | | | 7 | 9 | | |
| | 1 | | 5 | 3 | | 6 | | 7 |
| | 9 | 6 | 8 | | 3 | | | |
| | | 7 | | 9 | | 8 | | |
| | | | 7 | | 1 | 3 | 4 | |
| 5 | | 3 | | 2 | 8 | | 6 | |
| | | 9 | 4 | | | 7 | 2 | |
| | | 1 | | | | | | |

# Puzzle 80

| | | | | | | | | |
|---|---|---|---|---|---|---|---|---|
| 4 | | | | | | 7 | 6 | |
| | 3 | | | | 8 | 5 | | 2 |
| | | | 3 | | | 4 | | |
| 2 | 9 | | | 4 | | 6 | 5 | |
| | 4 | | | 5 | | | 2 | |
| | 1 | 5 | | 2 | | | 7 | 4 |
| | | 4 | | | 1 | | | |
| 6 | | 8 | 5 | | | | 1 | |
| | 5 | 3 | | | | | | 6 |

# Puzzle 81

| | | | | | | | | |
|---|---|---|---|---|---|---|---|---|
| | | 4 | 5 | | | 2 | 7 | |
| 6 | 2 | | | | 3 | | 4 | |
| | | | | | | | 1 | 3 |
| 7 | | 6 | 3 | | | 1 | | |
| 1 | | | | 8 | | | | 4 |
| | | 2 | | | 6 | 3 | | 7 |
| 2 | 6 | | | | | | | |
| | 4 | | 6 | | | | 2 | 8 |
| | 9 | 3 | | | 4 | 6 | | |

# Puzzle 82

| | | | | | | | | |
|---|---|---|---|---|---|---|---|---|
| | 5 | | 1 | | | | 3 | |
| 4 | | | | 7 | 6 | | 2 | |
| 8 | | 1 | | 9 | | | | |
| | 7 | 5 | | | 3 | | | |
| 3 | 2 | | | | | | 8 | 4 |
| | | | 6 | | | 5 | 1 | |
| | | | | 6 | | 1 | | 8 |
| | 4 | | 7 | 5 | | | | 6 |
| | 1 | | | | 4 | | 7 | |

# Puzzle 83

| | | | | | | | | |
|---|---|---|---|---|---|---|---|---|
| | | | | | 7 | 9 | | |
| 1 | | | 8 | 6 | | | 2 | 7 |
| 8 | | | | 3 | 2 | 6 | | |
| | | | | | 4 | | | 8 |
| 4 | | 1 | | 5 | | 2 | | 6 |
| 5 | | | 7 | | | | | |
| | | 3 | 9 | 7 | | | | 1 |
| 7 | 6 | | | 1 | 3 | | | 2 |
| | | 4 | 2 | | | | | |

# Puzzle 84

| | | | | | | | | |
|---|---|---|---|---|---|---|---|---|
| | | | | | 8 | | | |
| | | 2 | | | | 7 | 1 | 5 |
| | 6 | 7 | 5 | 4 | | 9 | | |
| 7 | | | | 5 | | 2 | 9 | 4 |
| | | | | 9 | | | | |
| 6 | 5 | 9 | | 2 | | | | 3 |
| | | 5 | | 3 | 6 | 1 | 8 | |
| 3 | 8 | 1 | | | | 4 | | |
| | | | 4 | | | | | |

# Puzzle 85

| | | | | | | | | |
|---|---|---|---|---|---|---|---|---|
| 4 | | 3 | | | | | | 6 |
| | 9 | | 6 | | | | 8 | |
| | 5 | 7 | 1 | | 3 | | | 2 |
| | | | | 9 | | 4 | 6 | |
| | | | 8 | 7 | 4 | | | |
| | 1 | 4 | | 5 | | | | |
| 7 | | | 9 | | 5 | 6 | 2 | |
| | 6 | | | | 2 | | 7 | |
| 2 | | | | | | 3 | | 9 |

# Puzzle 86

|   |   |   |   |   |   |   |   |   |
|---|---|---|---|---|---|---|---|---|
|   |   | 7 |   | 5 |   | 9 |   | 2 |
| 1 |   |   |   |   | 2 | 3 |   | 5 |
|   | 5 |   | 6 | 9 |   |   | 4 |   |
| 5 |   |   |   |   |   | 4 |   |   |
|   | 6 |   |   | 4 |   |   | 1 |   |
|   |   | 1 |   |   |   |   |   | 3 |
|   | 2 |   |   | 6 | 9 |   | 3 |   |
| 9 |   | 3 | 2 |   |   |   |   | 8 |
| 4 |   | 6 |   | 1 |   | 2 |   |   |

# Puzzle 87

|   |   |   |   |   |   |   |   |   |
|---|---|---|---|---|---|---|---|---|
|   | 7 | 5 | 2 |   |   | 4 |   |   |
|   |   |   |   |   | 5 |   |   | 7 |
|   | 9 |   | 4 |   |   |   |   | 8 |
|   | 5 |   |   |   | 6 | 1 | 4 |   |
| 8 |   | 4 |   | 7 |   | 6 |   | 5 |
|   | 6 | 2 | 5 |   |   |   | 7 |   |
| 4 |   |   |   |   | 9 |   | 6 |   |
| 5 |   |   | 8 |   |   |   |   |   |
|   |   | 6 |   |   | 3 | 7 | 8 |   |

# Puzzle 88

| | | | | | | | | |
|---|---|---|---|---|---|---|---|---|
| | | | | | 8 | 3 | | 7 |
| 7 | | 8 | | | 3 | | | 2 |
| 4 | 5 | | | | | 1 | | |
| 6 | | 5 | 8 | | | | | |
| | 1 | 4 | | | | 2 | 7 | |
| | | | | | 4 | 8 | | 5 |
| | | 9 | | | | | 6 | 4 |
| 5 | | | 4 | | | 9 | | 8 |
| 1 | | 7 | 6 | | | | | |

# Puzzle 89

| | | | | | | | | |
|---|---|---|---|---|---|---|---|---|
| | | | | 5 | | 7 | | 1 |
| | 5 | | 3 | 1 | | | 2 | |
| | 2 | | | | 7 | | | |
| | 8 | | | 6 | 9 | 2 | | |
| | | 9 | 5 | | 1 | 4 | | |
| | | 3 | 8 | 2 | | | 7 | |
| | | | 6 | | | | 3 | |
| | 9 | | | 4 | 3 | | 8 | |
| 1 | | 2 | | 8 | | | | |

# Puzzle 90

| | | | | | | | | |
|---|---|---|---|---|---|---|---|---|
| | | 1 | | | | 4 | | 7 |
| | 2 | | | 9 | 5 | | | |
| 5 | | 3 | 1 | | | | 2 | |
| 2 | | | 3 | | | 1 | 4 | |
| | | 8 | | | | 3 | | |
| | 9 | 4 | | | 1 | | | 5 |
| | 1 | | | | 4 | 9 | | 6 |
| | | | 8 | 2 | | | 7 | |
| 6 | | 7 | | | | 2 | | |

# Puzzle 91

| | | | | | | | | |
|---|---|---|---|---|---|---|---|---|
| 5 | 9 | | 4 | | | 8 | 1 | |
| 3 | | | | | | | | 5 |
| | | 6 | 5 | 9 | | 7 | | |
| | 1 | | 6 | 2 | | | | |
| | 2 | | | | | | 7 | |
| | | | | 7 | 4 | | 5 | |
| | | 9 | | 5 | 6 | 4 | | |
| 4 | | | | | | | | 2 |
| | 5 | 2 | | | 8 | | 9 | 3 |

# Puzzle 92

| | | | | | | | | |
|---|---|---|---|---|---|---|---|---|
| | | | 4 | | | 2 | 9 | |
| | 4 | 3 | | | 7 | | 8 | |
| | | 8 | 5 | 6 | | | | |
| | | | 3 | 8 | | | 2 | 6 |
| | | 6 | | | | 5 | | |
| 5 | 9 | | | 7 | 1 | | | |
| | | | | 9 | 2 | 4 | | |
| | 1 | | 7 | | | 8 | 3 | |
| | 8 | 4 | | | 6 | | | |

# Puzzle 93

| | | | | | | | | |
|---|---|---|---|---|---|---|---|---|
| | 9 | | | | 2 | 3 | | 6 |
| 8 | 2 | | | | 1 | | 7 | |
| 1 | 3 | | 4 | | | | | |
| | 7 | | | 8 | | | | |
| | | 9 | 2 | | 4 | 8 | | |
| | | | | 9 | | | 3 | |
| | | | | | 7 | | 6 | 8 |
| | 5 | | 9 | | | | 2 | 4 |
| 2 | | 7 | 1 | | | | 9 | |

# Puzzle 94

|   |   |   |   |   |   |   |   |   |
|---|---|---|---|---|---|---|---|---|
|   |   | 3 | 7 | 5 | 8 | 1 |   | 9 |
| 8 |   | 9 |   |   |   |   |   |   |
|   | 6 |   | 3 |   |   | 4 |   | 7 |
| 1 |   |   |   | 4 | 3 |   |   |   |
|   |   |   |   | 2 |   |   |   |   |
|   |   |   | 8 | 7 |   |   |   | 3 |
| 9 |   | 7 |   |   | 6 |   | 4 |   |
|   |   |   |   |   |   | 5 |   | 1 |
| 2 |   | 5 | 4 | 3 | 7 | 8 |   |   |

# Puzzle 95

|   |   |   |   |   |   |   |   |   |
|---|---|---|---|---|---|---|---|---|
|  | 7 | 1 | 9 |  |  |  | 5 | 2 |
|  | 8 |  |  |  |  | 9 |  |  |
|  |  |  |  |  | 6 | 4 |  | 8 |
|  | 2 | 3 | 5 | 6 |  |  |  |  |
|  |  |  | 3 | 7 | 4 |  |  |  |
|  |  |  |  | 1 | 2 | 3 | 9 |  |
| 3 |  | 7 | 6 |  |  |  |  |  |
|  |  | 2 |  |  |  |  | 1 |  |
| 9 | 4 |  |  |  | 1 | 8 | 2 |  |

# Puzzle 96

|   |   |   |   |   |   |   |   |   |
|---|---|---|---|---|---|---|---|---|
|   | 6 |   |   |   | 8 |   | 9 |   |
|   |   |   |   |   | 6 |   | 2 | 4 |
|   |   |   | 4 | 9 |   | 3 |   |   |
|   | 8 | 5 |   | 6 |   |   |   | 3 |
|   |   | 9 | 5 |   | 1 | 4 |   |   |
| 6 |   |   |   | 2 |   | 9 | 7 |   |
|   |   | 8 |   | 7 | 2 |   |   |   |
| 7 | 9 |   | 1 |   |   |   |   |   |
|   | 3 |   | 9 |   |   |   | 4 |   |

# Puzzle 97

| | | | | | | | | |
|---|---|---|---|---|---|---|---|---|
| | 2 | | 5 | | | | | 1 |
| | 8 | | 7 | | 9 | | | 6 |
| 9 | | | 4 | | | 5 | | |
| | | 1 | 2 | 3 | | | 4 | 9 |
| | | | | | | | | |
| 4 | 5 | | | 7 | 8 | 1 | | |
| | | 9 | | | 2 | | | 4 |
| 1 | | | 8 | | 7 | | 9 | |
| 5 | | | | | 1 | | 3 | |

# Puzzle 98

| | | | | | | | | |
|---|---|---|---|---|---|---|---|---|
| | | | 7 | 6 | | 1 | | |
| | | | | | 3 | | | |
| 4 | 9 | 7 | | | | 8 | | |
| | 2 | | 6 | 7 | | | 9 | |
| | 8 | 5 | 2 | | 4 | 3 | 6 | |
| | 6 | | | 5 | 8 | | 1 | |
| | | 3 | | | | 4 | 5 | 2 |
| | | | 9 | | | | | |
| | | 6 | | 4 | 2 | | | |

# Puzzle 99

| | | | | | | | | |
|---|---|---|---|---|---|---|---|---|
| | | | | | 9 | | | |
| 9 | 3 | | 8 | 6 | | | | |
| | | 1 | 7 | | | | 6 | |
| | 1 | | 2 | | 8 | | 5 | |
| 2 | 8 | 3 | | 5 | | 4 | 9 | 6 |
| | 7 | | 9 | | 6 | | 8 | |
| | 2 | | | | 5 | 7 | | |
| | | | | 8 | 1 | | 4 | 2 |
| | | | 3 | | | | | |

# Puzzle 100

| | | | | | | | | |
|---|---|---|---|---|---|---|---|---|
| 4 | | | | 6 | 2 | 5 | 1 | |
| 9 | | | | | 5 | | | |
| 5 | | 2 | | | | | 7 | 4 |
| | 1 | 5 | | | | | | 8 |
| | | | 9 | | 6 | | | |
| 3 | | | | | | 6 | 4 | |
| 1 | 2 | | | | | 9 | | 5 |
| | | | 2 | | | | | 1 |
| | 5 | 3 | 4 | 1 | | | | 2 |

# Puzzle 101

|   |   |   |   |   |   |   |   |   |
|---|---|---|---|---|---|---|---|---|
|   | 6 |   |   |   | 5 |   |   |   |
|   | 3 | 2 |   | 1 |   |   |   |   |
|   | 7 | 8 | 4 | 9 |   | 3 |   | 2 |
|   |   | 5 | 6 |   |   |   | 4 |   |
|   |   | 3 |   | 4 |   | 9 |   |   |
|   | 4 |   |   |   | 8 | 6 |   |   |
| 7 |   | 9 |   | 8 | 4 | 2 | 3 |   |
|   |   |   |   | 6 |   | 1 | 7 |   |
|   |   |   | 3 |   |   |   | 5 |   |

# Puzzle 102

| | | | | | | | | |
|---|---|---|---|---|---|---|---|---|
| | | | 2 | | 5 | 3 | | |
| | 4 | | 8 | | | | 9 | |
| | 3 | | | | 1 | | 7 | 8 |
| | 6 | | | | 2 | | | 3 |
| | | 8 | 6 | 5 | 4 | 9 | | |
| 1 | | | 3 | | | | 2 | |
| 2 | 7 | | 9 | | | | 8 | |
| | 8 | | | | 3 | | 4 | |
| | | 5 | 7 | | 8 | | | |

# Puzzle 103

|   |   |   |   |   |   |   |   |   |
|---|---|---|---|---|---|---|---|---|
|   |   | 9 |   |   |   | 2 |   | 5 |
|   |   | 6 |   |   | 3 | 1 |   | 7 |
|   | 2 |   | 5 |   | 9 |   |   |   |
| 4 | 5 | 2 |   |   |   | 6 |   |   |
|   |   | 3 |   | 1 |   | 7 |   |   |
|   |   | 7 |   |   |   | 5 | 8 | 3 |
|   |   |   | 6 |   | 8 |   | 5 |   |
| 3 |   | 8 | 4 |   |   | 9 |   |   |
| 1 |   | 5 |   |   |   | 8 |   |   |

# Puzzle 104

| | | | | | | | | |
|---|---|---|---|---|---|---|---|---|
| | | 9 | | | 7 | | 2 | 5 |
| 1 | 5 | | 2 | | 8 | | | |
| | 7 | 8 | | | | | 1 | |
| | | | 1 | | 9 | | | |
| 5 | 1 | | | 2 | | | 7 | 4 |
| | | | 4 | | 3 | | | |
| | 6 | | | | | 1 | 8 | |
| | | | 5 | | 2 | | 9 | 6 |
| 4 | 8 | | 9 | | | 3 | | |

# Puzzle 105

|   |   |   |   |   |   |   |   |   |
|---|---|---|---|---|---|---|---|---|
|   | 6 |   |   |   |   |   | 7 |   |
|   | 2 |   |   |   | 1 | 3 |   |   |
| 9 |   | 7 |   |   | 2 | 6 |   |   |
| 2 | 4 | 8 |   | 6 |   | 9 |   |   |
|   |   | 5 |   | 3 |   | 2 |   |   |
|   |   | 6 |   | 9 |   | 4 | 5 | 7 |
|   |   | 9 | 8 |   |   | 7 |   | 6 |
|   |   | 1 | 7 |   |   |   | 4 |   |
|   | 7 |   |   |   |   |   | 1 |   |

# Puzzle 106

|   |   |   |   |   |   |   |   |   |
|---|---|---|---|---|---|---|---|---|
|   |   |   |   | 9 | 7 | 6 |   | 4 |
| 3 |   |   | 6 |   |   |   |   | 9 |
|   | 6 | 2 |   | 3 |   |   |   |   |
|   | 5 |   |   |   |   | 7 | 6 | 3 |
| 7 |   |   |   |   |   |   |   | 8 |
| 8 | 1 | 9 |   |   |   |   | 4 |   |
|   |   |   |   | 2 |   | 3 | 9 |   |
| 4 |   |   |   |   | 1 |   |   | 6 |
| 1 |   | 5 | 9 | 6 |   |   |   |   |

# Puzzle 107

| | | | | | | | | |
|---|---|---|---|---|---|---|---|---|
| | | | | | | | 5 | 9 |
| | 6 | | 4 | 7 | 5 | 2 | 1 | |
| 1 | | | | 6 | 2 | 3 | | |
| 7 | | | | | | | | 4 |
| | | 9 | | 3 | | 1 | | |
| 2 | | | | | | | | 6 |
| | | 2 | 6 | 9 | | | | 1 |
| | 9 | 4 | 7 | 8 | 1 | | 6 | |
| 6 | 8 | | | | | | | |

# Puzzle 108

|   |   |   |   |   |   |   |   |   |
|---|---|---|---|---|---|---|---|---|
|   | 9 | 2 |   |   |   |   |   | 7 |
|   |   |   |   |   |   |   |   |   |
|   | 6 | 4 | 3 |   | 1 | 9 | 5 | 8 |
|   |   |   | 5 |   |   |   | 6 |   |
| 6 | 3 |   | 2 | 4 | 8 |   | 9 | 5 |
|   | 8 |   |   |   | 9 |   |   |   |
| 4 | 2 | 8 | 9 |   | 7 | 6 | 3 |   |
|   |   |   |   |   |   |   |   |   |
| 5 |   |   |   |   |   | 7 | 2 |   |

# Puzzle 109

|   |   |   |   |   |   |   |   |   |
|---|---|---|---|---|---|---|---|---|
|   | 3 |   | 8 |   | 7 |   |   |   |
|   |   |   | 6 | 5 |   |   |   |   |
| 7 | 2 | 1 |   |   | 4 |   |   | 8 |
| 8 |   | 5 |   |   |   |   |   | 1 |
| 6 |   | 7 |   | 2 |   | 8 |   | 9 |
| 2 |   |   |   |   |   | 4 |   | 5 |
| 4 |   |   | 1 |   |   | 2 | 9 | 3 |
|   |   |   |   | 4 | 3 |   |   |   |
|   |   |   | 2 |   | 8 |   | 7 |   |

# Puzzle 110

| | | | | | | | | |
|---|---|---|---|---|---|---|---|---|
| | | | | | 1 | 9 | | 8 |
| 7 | 1 | 9 | | | | 2 | | |
| | | | | 7 | | 6 | | |
| 3 | 5 | | | | 9 | 8 | | |
| 1 | 4 | | | 3 | | | 2 | 9 |
| | | 6 | 5 | | | | 4 | 1 |
| | | 7 | | 2 | | | | |
| | | 1 | | | | 7 | 9 | 5 |
| 5 | | 3 | 7 | | | | | |

# Puzzle 111

| | | | | | | | | |
|---|---|---|---|---|---|---|---|---|
| 9 | | | 2 | | 7 | | | 5 |
| | | | | 3 | | 7 | | 1 |
| 2 | | | | | 1 | 8 | | |
| | 6 | 4 | | 2 | | | 8 | |
| | | | 9 | | 4 | | | |
| | 2 | | | 1 | | 4 | 6 | |
| | | 3 | 8 | | | | | 6 |
| 7 | | 2 | | 4 | | | | |
| 4 | | | 3 | | 5 | | | 8 |

# Puzzle 112

| | | | | | | | | |
|---|---|---|---|---|---|---|---|---|
| 8 | 3 | 4 | 7 | | | 9 | | 1 |
| | | 7 | | | | | | |
| | 1 | 2 | | | | | 6 | |
| | | | | 8 | | 3 | | 2 |
| 7 | | | 2 | 1 | 4 | | | 9 |
| 2 | | 1 | | 6 | | | | |
| | 7 | | | | | 5 | 9 | |
| | | | | | | 8 | | |
| 9 | | 8 | | | 5 | 1 | 2 | 6 |

# Puzzle 113

| | | | | | | | | |
|---|---|---|---|---|---|---|---|---|
| 3 | | | | 9 | 8 | | | 7 |
| 1 | | | 2 | 3 | 7 | 8 | | |
| 7 | 6 | | | | | | | |
| | | | | 1 | | 7 | 2 | |
| | | | 3 | 5 | 2 | | | |
| | 9 | 2 | | 7 | | | | |
| | | | | | | | 6 | 8 |
| | | 5 | 1 | 8 | 4 | | | 2 |
| 2 | | | 9 | 6 | | | | 5 |

# Puzzle 114

| | | | | | | | | |
|---|---|---|---|---|---|---|---|---|
| | | 2 | 8 | | | | | 5 |
| | 9 | | | 7 | | | | 1 |
| | 4 | 8 | 9 | | | | | |
| | | 6 | 2 | 3 | | 5 | | |
| 1 | 2 | | | | | | 7 | 8 |
| | | 3 | | 1 | 8 | 9 | | |
| | | | | | 6 | 1 | 5 | |
| 5 | | | | 9 | | | 6 | |
| 9 | | | | | 5 | 7 | | |

# Puzzle 115

| | | | | | | | | |
|---|---|---|---|---|---|---|---|---|
| 8 | | 9 | 6 | 5 | | | | |
| 6 | | 7 | 1 | | | | | |
| 2 | | | | | | | | 1 |
| | 7 | | 3 | 9 | | 8 | | |
| 4 | | 8 | | | | 7 | | 6 |
| | | 5 | | 8 | 6 | | 1 | |
| 3 | | | | | | | | 2 |
| | | | | | 1 | 4 | | 3 |
| | | | | 3 | 7 | 1 | | 8 |

# Puzzle 116

| | | | | | | | | |
|---|---|---|---|---|---|---|---|---|
| 7 | | | 3 | | 4 | | | 9 |
| | | 2 | | | | 1 | | 7 |
| | | 8 | | | 2 | 6 | 3 | |
| | 7 | | | | 1 | | | |
| | 5 | | 4 | | 7 | | 8 | |
| | | | 9 | | | | 7 | |
| | 2 | 4 | 1 | | | 9 | | |
| 8 | | 6 | | | | 7 | | |
| 1 | | | 5 | | 8 | | | 3 |

# Puzzle 117

|  |  |  |  |  |  |  |  |  |
|---|---|---|---|---|---|---|---|---|
|  | 7 | 9 | 5 |  | 6 |  |  |  |
| 3 | 5 |  | 2 |  |  | 9 |  |  |
| 6 |  | 2 |  | 1 |  |  |  |  |
|  | 1 | 7 |  |  |  |  |  |  |
|  | 8 | 6 |  | 5 |  | 3 | 2 |  |
|  |  |  |  |  |  | 7 | 1 |  |
|  |  |  |  | 8 |  | 2 |  | 6 |
|  |  | 5 |  |  | 3 |  | 7 | 4 |
|  |  |  | 9 |  | 4 | 8 | 5 |  |

# Puzzle 118

| | | | | | | | | |
|---|---|---|---|---|---|---|---|---|
| 6 | 5 | | 9 | | | 3 | | 2 |
| | | 8 | | | 2 | | 5 | 7 |
| | | | 5 | 8 | | | | |
| | | | 7 | | 9 | | | 4 |
| | 4 | | | 3 | | | 2 | |
| 7 | | | 6 | | 8 | | | |
| | | | | 5 | 3 | | | |
| 5 | 6 | | 4 | | | 2 | | |
| 2 | | 3 | | | 7 | | 9 | 5 |

# Puzzle 119

| | | | | | | | | |
|---|---|---|---|---|---|---|---|---|
| | | | | 4 | | | | |
| | | | | 3 | 6 | | 9 | 8 |
| 9 | | | | 1 | 2 | 3 | | 5 |
| 3 | 4 | | | 8 | | 5 | | |
| | | 7 | | | | 9 | | |
| | | 9 | | 2 | | | 8 | 3 |
| 8 | | 4 | 6 | 7 | | | | 1 |
| 5 | 7 | | 8 | 9 | | | | |
| | | | | 5 | | | | |

# Puzzle 120

| | | | | | | | | |
|---|---|---|---|---|---|---|---|---|
| | 6 | | 8 | 9 | | | 3 | |
| | | 8 | | | | | 4 | 1 |
| | | | | | 1 | 9 | | |
| 5 | 2 | 6 | 4 | | | 8 | 9 | |
| | | | | 5 | | | | |
| | 7 | 9 | | | 3 | 5 | 1 | 4 |
| | | 3 | 7 | | | | | |
| 1 | 5 | | | | | 4 | | |
| | 9 | | | 6 | 5 | | 2 | |

# Puzzle 121

| | | | | | | | | |
|---|---|---|---|---|---|---|---|---|
| | | 4 | | | 9 | | 2 | |
| | 5 | 2 | 8 | | 7 | | | |
| | | | | 2 | 1 | | | 3 |
| 2 | | | | 8 | | | | 9 |
| 9 | | 6 | | | | 3 | | 8 |
| 7 | | | | 9 | | | | 4 |
| 8 | | | 9 | 5 | | | | |
| | | | 7 | | 4 | 1 | 8 | |
| | 7 | | 6 | | | 5 | | |

# Puzzle 122

| | | | | | | | | |
|---|---|---|---|---|---|---|---|---|
| 8 | | | | | 6 | 2 | 1 | 3 |
| 7 | | | | | | | | |
| 1 | | 2 | 5 | 8 | | | 6 | |
| | 5 | | 7 | | | | | |
| 4 | 9 | | | 5 | | | 3 | 7 |
| | | | | | 3 | | 2 | |
| | 2 | | | 4 | 7 | 3 | | 8 |
| | | | | | | | | 6 |
| 9 | 8 | 6 | 1 | | | | | 2 |

# Puzzle 123

| | | | | | | | | |
|---|---|---|---|---|---|---|---|---|
| 7 | | | | | 1 | | | |
| | | | | 2 | | 4 | 9 | |
| | | 3 | 4 | | 8 | | | 7 |
| | 2 | 6 | 5 | | | | | |
| 5 | 8 | | 2 | 3 | 7 | | 4 | 6 |
| | | | | | 9 | 2 | 3 | |
| 2 | | | 8 | | 6 | 5 | | |
| | 6 | 1 | | 4 | | | | |
| | | | 1 | | | | | 8 |

# Puzzle 124

| | | | | | | | | |
|---|---|---|---|---|---|---|---|---|
| 5 | | | | | | | 9 | |
| 8 | | 9 | | | 5 | 6 | 7 | |
| | | | | 6 | 3 | | | |
| | | | | 3 | | | 2 | 5 |
| 3 | 7 | 5 | | 2 | | 4 | 8 | 9 |
| 2 | 9 | | | 5 | | | | |
| | | | 3 | 7 | | | | |
| | 5 | 4 | 1 | | | 7 | | 8 |
| | 8 | | | | | | | 2 |

# Puzzle 125

|   |   |   |   |   |   |   |   |   |
|---|---|---|---|---|---|---|---|---|
|   |   |   | 7 |   | 8 |   | 6 |   |
| 8 | 7 |   |   |   |   |   |   | 5 |
| 5 |   | 1 | 3 | 9 | 2 |   |   |   |
| 1 |   | 2 |   |   |   |   | 5 |   |
| 7 |   |   |   | 2 |   |   |   | 4 |
|   | 5 |   |   |   |   | 9 |   | 3 |
|   |   |   | 5 | 1 | 6 | 3 |   | 2 |
| 3 |   |   |   |   |   |   | 7 | 1 |
|   | 1 |   | 4 |   | 7 |   |   |   |

## Puzzle 1

| | | | | | | | | |
|---|---|---|---|---|---|---|---|---|
| 1 | 8 | 5 | 7 | 4 | 9 | 2 | 3 | 6 |
| 7 | 9 | 4 | 2 | 6 | 3 | 8 | 5 | 1 |
| 3 | 6 | 2 | 8 | 1 | 5 | 7 | 4 | 9 |
| 9 | 4 | 7 | 1 | 3 | 8 | 5 | 6 | 2 |
| 5 | 2 | 1 | 9 | 7 | 6 | 3 | 8 | 4 |
| 8 | 3 | 6 | 5 | 2 | 4 | 1 | 9 | 7 |
| 6 | 1 | 3 | 4 | 5 | 2 | 9 | 7 | 8 |
| 2 | 5 | 8 | 6 | 9 | 7 | 4 | 1 | 3 |
| 4 | 7 | 9 | 3 | 8 | 1 | 6 | 2 | 5 |

## Puzzle 2

| | | | | | | | | |
|---|---|---|---|---|---|---|---|---|
| 8 | 2 | 6 | 5 | 9 | 7 | 1 | 3 | 4 |
| 3 | 1 | 5 | 8 | 4 | 6 | 7 | 2 | 9 |
| 7 | 4 | 9 | 3 | 1 | 2 | 5 | 6 | 8 |
| 9 | 8 | 2 | 6 | 3 | 5 | 4 | 1 | 7 |
| 5 | 7 | 3 | 4 | 2 | 1 | 8 | 9 | 6 |
| 4 | 6 | 1 | 9 | 7 | 8 | 3 | 5 | 2 |
| 1 | 5 | 4 | 2 | 8 | 9 | 6 | 7 | 3 |
| 2 | 3 | 7 | 1 | 6 | 4 | 9 | 8 | 5 |
| 6 | 9 | 8 | 7 | 5 | 3 | 2 | 4 | 1 |

## Puzzle 3

| | | | | | | | | |
|---|---|---|---|---|---|---|---|---|
| 1 | 2 | 3 | 6 | 8 | 5 | 4 | 9 | 7 |
| 8 | 9 | 5 | 4 | 2 | 7 | 6 | 3 | 1 |
| 7 | 6 | 4 | 1 | 9 | 3 | 5 | 8 | 2 |
| 9 | 5 | 2 | 8 | 4 | 1 | 7 | 6 | 3 |
| 4 | 8 | 1 | 7 | 3 | 6 | 2 | 5 | 9 |
| 3 | 7 | 6 | 9 | 5 | 2 | 1 | 4 | 8 |
| 5 | 1 | 7 | 3 | 6 | 8 | 9 | 2 | 4 |
| 2 | 4 | 8 | 5 | 7 | 9 | 3 | 1 | 6 |
| 6 | 3 | 9 | 2 | 1 | 4 | 8 | 7 | 5 |

## Puzzle 4

| | | | | | | | | |
|---|---|---|---|---|---|---|---|---|
| 1 | 8 | 2 | 9 | 7 | 3 | 4 | 5 | 6 |
| 5 | 3 | 6 | 1 | 4 | 8 | 9 | 7 | 2 |
| 7 | 9 | 4 | 5 | 6 | 2 | 3 | 1 | 8 |
| 2 | 4 | 1 | 7 | 9 | 5 | 6 | 8 | 3 |
| 9 | 5 | 3 | 2 | 8 | 6 | 7 | 4 | 1 |
| 6 | 7 | 8 | 4 | 3 | 1 | 5 | 2 | 9 |
| 4 | 1 | 7 | 6 | 2 | 9 | 8 | 3 | 5 |
| 8 | 2 | 9 | 3 | 5 | 7 | 1 | 6 | 4 |
| 3 | 6 | 5 | 8 | 1 | 4 | 2 | 9 | 7 |

## Puzzle 5

| | | | | | | | | |
|---|---|---|---|---|---|---|---|---|
| 8 | 6 | 9 | 4 | 3 | 5 | 1 | 7 | 2 |
| 3 | 5 | 1 | 7 | 9 | 2 | 4 | 6 | 8 |
| 2 | 7 | 4 | 1 | 8 | 6 | 5 | 9 | 3 |
| 1 | 9 | 5 | 3 | 6 | 8 | 2 | 4 | 7 |
| 7 | 3 | 6 | 2 | 4 | 1 | 8 | 5 | 9 |
| 4 | 8 | 2 | 9 | 5 | 7 | 6 | 3 | 1 |
| 9 | 4 | 8 | 6 | 1 | 3 | 7 | 2 | 5 |
| 6 | 1 | 7 | 5 | 2 | 9 | 3 | 8 | 4 |
| 5 | 2 | 3 | 8 | 7 | 4 | 9 | 1 | 6 |

## Puzzle 6

| | | | | | | | | |
|---|---|---|---|---|---|---|---|---|
| 8 | 6 | 9 | 2 | 4 | 1 | 3 | 5 | 7 |
| 7 | 2 | 4 | 3 | 5 | 6 | 8 | 9 | 1 |
| 3 | 1 | 5 | 8 | 9 | 7 | 4 | 6 | 2 |
| 2 | 7 | 8 | 9 | 6 | 5 | 1 | 3 | 4 |
| 9 | 4 | 1 | 7 | 3 | 2 | 6 | 8 | 5 |
| 5 | 3 | 6 | 4 | 1 | 8 | 7 | 2 | 9 |
| 1 | 5 | 7 | 6 | 2 | 3 | 9 | 4 | 8 |
| 4 | 8 | 3 | 5 | 7 | 9 | 2 | 1 | 6 |
| 6 | 9 | 2 | 1 | 8 | 4 | 5 | 7 | 3 |

## Puzzle 7

| | | | | | | | | |
|---|---|---|---|---|---|---|---|---|
| 7 | 4 | 9 | 8 | 3 | 1 | 6 | 2 | 5 |
| 5 | 2 | 1 | 7 | 4 | 6 | 3 | 9 | 8 |
| 3 | 6 | 8 | 5 | 9 | 2 | 1 | 7 | 4 |
| 8 | 7 | 6 | 2 | 5 | 9 | 4 | 3 | 1 |
| 4 | 9 | 2 | 1 | 8 | 3 | 7 | 5 | 6 |
| 1 | 5 | 3 | 6 | 7 | 4 | 9 | 8 | 2 |
| 2 | 3 | 4 | 9 | 6 | 8 | 5 | 1 | 7 |
| 9 | 8 | 7 | 4 | 1 | 5 | 2 | 6 | 3 |
| 6 | 1 | 5 | 3 | 2 | 7 | 8 | 4 | 9 |

## Puzzle 8

| | | | | | | | | |
|---|---|---|---|---|---|---|---|---|
| 6 | 1 | 7 | 5 | 4 | 8 | 2 | 9 | 3 |
| 2 | 5 | 8 | 9 | 1 | 3 | 7 | 6 | 4 |
| 3 | 9 | 4 | 6 | 7 | 2 | 8 | 1 | 5 |
| 1 | 3 | 2 | 4 | 8 | 5 | 9 | 7 | 6 |
| 9 | 4 | 6 | 3 | 2 | 7 | 1 | 5 | 8 |
| 8 | 7 | 5 | 1 | 6 | 9 | 3 | 4 | 2 |
| 4 | 8 | 9 | 7 | 3 | 6 | 5 | 2 | 1 |
| 5 | 6 | 3 | 2 | 9 | 1 | 4 | 8 | 7 |
| 7 | 2 | 1 | 8 | 5 | 4 | 6 | 3 | 9 |

## Puzzle 9

| | | | | | | | | |
|---|---|---|---|---|---|---|---|---|
| 1 | 9 | 3 | 5 | 6 | 4 | 7 | 2 | 8 |
| 6 | 5 | 2 | 9 | 8 | 7 | 3 | 4 | 1 |
| 8 | 4 | 7 | 3 | 1 | 2 | 9 | 6 | 5 |
| 7 | 6 | 1 | 8 | 2 | 5 | 4 | 9 | 3 |
| 5 | 3 | 4 | 1 | 7 | 9 | 2 | 8 | 6 |
| 2 | 8 | 9 | 4 | 3 | 6 | 1 | 5 | 7 |
| 3 | 2 | 5 | 7 | 9 | 8 | 6 | 1 | 4 |
| 4 | 1 | 6 | 2 | 5 | 3 | 8 | 7 | 9 |
| 9 | 7 | 8 | 6 | 4 | 1 | 5 | 3 | 2 |

## Puzzle 10

| | | | | | | | | |
|---|---|---|---|---|---|---|---|---|
| 5 | 4 | 2 | 7 | 3 | 9 | 1 | 8 | 6 |
| 9 | 6 | 1 | 5 | 4 | 8 | 7 | 2 | 3 |
| 3 | 8 | 7 | 2 | 1 | 6 | 5 | 4 | 9 |
| 4 | 3 | 9 | 6 | 8 | 7 | 2 | 5 | 1 |
| 1 | 5 | 6 | 4 | 9 | 2 | 3 | 7 | 8 |
| 2 | 7 | 8 | 3 | 5 | 1 | 9 | 6 | 4 |
| 6 | 1 | 5 | 9 | 7 | 4 | 8 | 3 | 2 |
| 7 | 9 | 4 | 8 | 2 | 3 | 6 | 1 | 5 |
| 8 | 2 | 3 | 1 | 6 | 5 | 4 | 9 | 7 |

## Puzzle 11

| | | | | | | | | |
|---|---|---|---|---|---|---|---|---|
| 6 | 9 | 5 | 2 | 4 | 8 | 7 | 1 | 3 |
| 4 | 1 | 3 | 9 | 6 | 7 | 8 | 2 | 5 |
| 2 | 7 | 8 | 3 | 5 | 1 | 4 | 9 | 6 |
| 7 | 2 | 4 | 8 | 9 | 6 | 5 | 3 | 1 |
| 9 | 8 | 6 | 1 | 3 | 5 | 2 | 7 | 4 |
| 3 | 5 | 1 | 7 | 2 | 4 | 6 | 8 | 9 |
| 1 | 6 | 2 | 5 | 8 | 9 | 3 | 4 | 7 |
| 8 | 4 | 9 | 6 | 7 | 3 | 1 | 5 | 2 |
| 5 | 3 | 7 | 4 | 1 | 2 | 9 | 6 | 8 |

## Puzzle 12

| | | | | | | | | |
|---|---|---|---|---|---|---|---|---|
| 6 | 2 | 4 | 1 | 3 | 8 | 5 | 7 | 9 |
| 9 | 8 | 5 | 6 | 2 | 7 | 3 | 1 | 4 |
| 3 | 7 | 1 | 5 | 9 | 4 | 2 | 6 | 8 |
| 7 | 3 | 8 | 4 | 5 | 2 | 6 | 9 | 1 |
| 1 | 4 | 6 | 9 | 7 | 3 | 8 | 5 | 2 |
| 2 | 5 | 9 | 8 | 6 | 1 | 4 | 3 | 7 |
| 4 | 1 | 7 | 3 | 8 | 5 | 9 | 2 | 6 |
| 5 | 9 | 2 | 7 | 4 | 6 | 1 | 8 | 3 |
| 8 | 6 | 3 | 2 | 1 | 9 | 7 | 4 | 5 |

## Puzzle 13

| | | | | | | | | |
|---|---|---|---|---|---|---|---|---|
| 9 | 4 | 1 | 6 | 3 | 2 | 5 | 7 | 8 |
| 8 | 6 | 2 | 5 | 9 | 7 | 4 | 3 | 1 |
| 3 | 5 | 7 | 8 | 4 | 1 | 2 | 9 | 6 |
| 5 | 1 | 4 | 9 | 2 | 6 | 3 | 8 | 7 |
| 2 | 3 | 6 | 7 | 5 | 8 | 9 | 1 | 4 |
| 7 | 9 | 8 | 4 | 1 | 3 | 6 | 5 | 2 |
| 4 | 7 | 3 | 1 | 6 | 9 | 8 | 2 | 5 |
| 1 | 2 | 5 | 3 | 8 | 4 | 7 | 6 | 9 |
| 6 | 8 | 9 | 2 | 7 | 5 | 1 | 4 | 3 |

## Puzzle 14

| | | | | | | | | |
|---|---|---|---|---|---|---|---|---|
| 4 | 2 | 3 | 5 | 6 | 9 | 7 | 1 | 8 |
| 5 | 8 | 7 | 1 | 3 | 2 | 4 | 6 | 9 |
| 1 | 6 | 9 | 4 | 8 | 7 | 5 | 3 | 2 |
| 2 | 7 | 5 | 3 | 4 | 6 | 9 | 8 | 1 |
| 9 | 1 | 4 | 2 | 5 | 8 | 3 | 7 | 6 |
| 8 | 3 | 6 | 9 | 7 | 1 | 2 | 5 | 4 |
| 3 | 9 | 2 | 6 | 1 | 5 | 8 | 4 | 7 |
| 7 | 5 | 1 | 8 | 2 | 4 | 6 | 9 | 3 |
| 6 | 4 | 8 | 7 | 9 | 3 | 1 | 2 | 5 |

## Puzzle 15

| | | | | | | | | |
|---|---|---|---|---|---|---|---|---|
| 4 | 2 | 9 | 3 | 6 | 7 | 5 | 1 | 8 |
| 1 | 6 | 3 | 4 | 5 | 8 | 7 | 9 | 2 |
| 7 | 5 | 8 | 2 | 1 | 9 | 3 | 4 | 6 |
| 5 | 7 | 6 | 1 | 9 | 2 | 8 | 3 | 4 |
| 9 | 3 | 1 | 8 | 4 | 5 | 6 | 2 | 7 |
| 2 | 8 | 4 | 7 | 3 | 6 | 1 | 5 | 9 |
| 6 | 1 | 2 | 9 | 7 | 3 | 4 | 8 | 5 |
| 8 | 4 | 7 | 5 | 2 | 1 | 9 | 6 | 3 |
| 3 | 9 | 5 | 6 | 8 | 4 | 2 | 7 | 1 |

## Puzzle 16

| | | | | | | | | |
|---|---|---|---|---|---|---|---|---|
| 7 | 8 | 6 | 5 | 9 | 4 | 1 | 3 | 2 |
| 3 | 5 | 4 | 6 | 2 | 1 | 7 | 8 | 9 |
| 9 | 2 | 1 | 7 | 8 | 3 | 5 | 6 | 4 |
| 2 | 3 | 7 | 4 | 1 | 5 | 8 | 9 | 6 |
| 5 | 6 | 9 | 2 | 7 | 8 | 3 | 4 | 1 |
| 1 | 4 | 8 | 9 | 3 | 6 | 2 | 7 | 5 |
| 8 | 7 | 2 | 1 | 6 | 9 | 4 | 5 | 3 |
| 6 | 1 | 5 | 3 | 4 | 7 | 9 | 2 | 8 |
| 4 | 9 | 3 | 8 | 5 | 2 | 6 | 1 | 7 |

## Puzzle 17

| | | | | | | | | |
|---|---|---|---|---|---|---|---|---|
| 7 | 9 | 8 | 4 | 1 | 5 | 6 | 2 | 3 |
| 4 | 3 | 5 | 2 | 6 | 7 | 8 | 9 | 1 |
| 1 | 6 | 2 | 9 | 8 | 3 | 4 | 7 | 5 |
| 2 | 1 | 6 | 3 | 9 | 4 | 5 | 8 | 7 |
| 3 | 7 | 4 | 8 | 5 | 6 | 9 | 1 | 2 |
| 8 | 5 | 9 | 7 | 2 | 1 | 3 | 4 | 6 |
| 6 | 4 | 1 | 5 | 7 | 9 | 2 | 3 | 8 |
| 5 | 8 | 3 | 1 | 4 | 2 | 7 | 6 | 9 |
| 9 | 2 | 7 | 6 | 3 | 8 | 1 | 5 | 4 |

## Puzzle 18

| | | | | | | | | |
|---|---|---|---|---|---|---|---|---|
| 1 | 4 | 8 | 5 | 9 | 7 | 2 | 6 | 3 |
| 7 | 6 | 5 | 3 | 4 | 2 | 8 | 1 | 9 |
| 2 | 9 | 3 | 6 | 8 | 1 | 5 | 4 | 7 |
| 3 | 1 | 7 | 4 | 2 | 8 | 9 | 5 | 6 |
| 8 | 5 | 9 | 7 | 1 | 6 | 4 | 3 | 2 |
| 6 | 2 | 4 | 9 | 3 | 5 | 1 | 7 | 8 |
| 9 | 3 | 2 | 1 | 6 | 4 | 7 | 8 | 5 |
| 5 | 8 | 1 | 2 | 7 | 3 | 6 | 9 | 4 |
| 4 | 7 | 6 | 8 | 5 | 9 | 3 | 2 | 1 |

## Puzzle 19

| | | | | | | | | |
|---|---|---|---|---|---|---|---|---|
| 7 | 1 | 2 | 8 | 4 | 3 | 6 | 9 | 5 |
| 3 | 9 | 5 | 6 | 7 | 2 | 8 | 4 | 1 |
| 6 | 4 | 8 | 9 | 5 | 1 | 2 | 3 | 7 |
| 8 | 7 | 6 | 2 | 3 | 9 | 5 | 1 | 4 |
| 1 | 2 | 9 | 5 | 6 | 4 | 3 | 7 | 8 |
| 4 | 5 | 3 | 7 | 1 | 8 | 9 | 2 | 6 |
| 2 | 3 | 7 | 4 | 8 | 6 | 1 | 5 | 9 |
| 5 | 8 | 1 | 3 | 9 | 7 | 4 | 6 | 2 |
| 9 | 6 | 4 | 1 | 2 | 5 | 7 | 8 | 3 |

## Puzzle 20

| | | | | | | | | |
|---|---|---|---|---|---|---|---|---|
| 1 | 9 | 4 | 8 | 3 | 7 | 6 | 2 | 5 |
| 2 | 7 | 6 | 1 | 5 | 4 | 8 | 9 | 3 |
| 3 | 8 | 5 | 2 | 6 | 9 | 1 | 4 | 7 |
| 8 | 4 | 1 | 5 | 9 | 3 | 7 | 6 | 2 |
| 9 | 6 | 3 | 7 | 1 | 2 | 5 | 8 | 4 |
| 7 | 5 | 2 | 4 | 8 | 6 | 3 | 1 | 9 |
| 4 | 2 | 8 | 6 | 7 | 5 | 9 | 3 | 1 |
| 5 | 1 | 9 | 3 | 4 | 8 | 2 | 7 | 6 |
| 6 | 3 | 7 | 9 | 2 | 1 | 4 | 5 | 8 |

## Puzzle 21

| | | | | | | | | |
|---|---|---|---|---|---|---|---|---|
| 6 | 2 | 5 | 7 | 4 | 1 | 8 | 3 | 9 |
| 8 | 4 | 9 | 2 | 3 | 6 | 1 | 7 | 5 |
| 1 | 3 | 7 | 8 | 5 | 9 | 4 | 6 | 2 |
| 2 | 8 | 6 | 3 | 1 | 5 | 9 | 4 | 7 |
| 9 | 5 | 1 | 4 | 7 | 8 | 3 | 2 | 6 |
| 3 | 7 | 4 | 9 | 6 | 2 | 5 | 8 | 1 |
| 4 | 6 | 2 | 1 | 9 | 3 | 7 | 5 | 8 |
| 7 | 9 | 8 | 5 | 2 | 4 | 6 | 1 | 3 |
| 5 | 1 | 3 | 6 | 8 | 7 | 2 | 9 | 4 |

## Puzzle 22

| | | | | | | | | |
|---|---|---|---|---|---|---|---|---|
| 7 | 4 | 3 | 2 | 6 | 5 | 9 | 8 | 1 |
| 1 | 2 | 6 | 4 | 9 | 8 | 5 | 3 | 7 |
| 5 | 8 | 9 | 7 | 3 | 1 | 2 | 6 | 4 |
| 9 | 5 | 1 | 8 | 2 | 7 | 3 | 4 | 6 |
| 4 | 3 | 2 | 9 | 1 | 6 | 7 | 5 | 8 |
| 8 | 6 | 7 | 5 | 4 | 3 | 1 | 2 | 9 |
| 3 | 1 | 5 | 6 | 7 | 4 | 8 | 9 | 2 |
| 6 | 9 | 8 | 1 | 5 | 2 | 4 | 7 | 3 |
| 2 | 7 | 4 | 3 | 8 | 9 | 6 | 1 | 5 |

## Puzzle 23

| | | | | | | | | |
|---|---|---|---|---|---|---|---|---|
| 3 | 2 | 1 | 8 | 5 | 7 | 6 | 4 | 9 |
| 6 | 8 | 4 | 1 | 3 | 9 | 5 | 2 | 7 |
| 9 | 7 | 5 | 6 | 4 | 2 | 8 | 1 | 3 |
| 7 | 5 | 9 | 4 | 2 | 8 | 1 | 3 | 6 |
| 2 | 6 | 8 | 5 | 1 | 3 | 9 | 7 | 4 |
| 4 | 1 | 3 | 7 | 9 | 6 | 2 | 5 | 8 |
| 5 | 3 | 7 | 9 | 8 | 1 | 4 | 6 | 2 |
| 8 | 4 | 6 | 2 | 7 | 5 | 3 | 9 | 1 |
| 1 | 9 | 2 | 3 | 6 | 4 | 7 | 8 | 5 |

## Puzzle 24

| | | | | | | | | |
|---|---|---|---|---|---|---|---|---|
| 3 | 1 | 7 | 2 | 4 | 8 | 9 | 6 | 5 |
| 6 | 9 | 4 | 1 | 5 | 3 | 2 | 7 | 8 |
| 2 | 8 | 5 | 7 | 9 | 6 | 4 | 3 | 1 |
| 8 | 2 | 3 | 9 | 6 | 1 | 7 | 5 | 4 |
| 7 | 4 | 9 | 3 | 8 | 5 | 1 | 2 | 6 |
| 1 | 5 | 6 | 4 | 2 | 7 | 8 | 9 | 3 |
| 4 | 7 | 8 | 5 | 3 | 9 | 6 | 1 | 2 |
| 5 | 6 | 1 | 8 | 7 | 2 | 3 | 4 | 9 |
| 9 | 3 | 2 | 6 | 1 | 4 | 5 | 8 | 7 |

## Puzzle 25

| | | | | | | | | |
|---|---|---|---|---|---|---|---|---|
| 1 | 2 | 7 | 8 | 3 | 5 | 4 | 6 | 9 |
| 3 | 4 | 9 | 6 | 1 | 7 | 5 | 2 | 8 |
| 8 | 6 | 5 | 2 | 4 | 9 | 1 | 7 | 3 |
| 9 | 8 | 2 | 5 | 6 | 1 | 7 | 3 | 4 |
| 4 | 1 | 6 | 7 | 2 | 3 | 9 | 8 | 5 |
| 5 | 7 | 3 | 4 | 9 | 8 | 6 | 1 | 2 |
| 2 | 9 | 4 | 3 | 7 | 6 | 8 | 5 | 1 |
| 7 | 3 | 8 | 1 | 5 | 4 | 2 | 9 | 6 |
| 6 | 5 | 1 | 9 | 8 | 2 | 3 | 4 | 7 |

## Puzzle 26

| | | | | | | | | |
|---|---|---|---|---|---|---|---|---|
| 9 | 4 | 2 | 1 | 3 | 8 | 7 | 5 | 6 |
| 6 | 8 | 3 | 4 | 7 | 5 | 1 | 2 | 9 |
| 7 | 5 | 1 | 2 | 6 | 9 | 4 | 3 | 8 |
| 4 | 6 | 5 | 3 | 8 | 7 | 2 | 9 | 1 |
| 3 | 1 | 7 | 5 | 9 | 2 | 6 | 8 | 4 |
| 2 | 9 | 8 | 6 | 4 | 1 | 3 | 7 | 5 |
| 8 | 3 | 6 | 7 | 5 | 4 | 9 | 1 | 2 |
| 1 | 7 | 9 | 8 | 2 | 6 | 5 | 4 | 3 |
| 5 | 2 | 4 | 9 | 1 | 3 | 8 | 6 | 7 |

## Puzzle 27

| | | | | | | | | |
|---|---|---|---|---|---|---|---|---|
| 1 | 2 | 8 | 4 | 3 | 9 | 7 | 5 | 6 |
| 4 | 6 | 9 | 5 | 1 | 7 | 8 | 3 | 2 |
| 7 | 3 | 5 | 6 | 2 | 8 | 9 | 1 | 4 |
| 9 | 1 | 7 | 2 | 8 | 3 | 4 | 6 | 5 |
| 3 | 4 | 6 | 7 | 5 | 1 | 2 | 9 | 8 |
| 8 | 5 | 2 | 9 | 6 | 4 | 1 | 7 | 3 |
| 5 | 9 | 1 | 3 | 4 | 2 | 6 | 8 | 7 |
| 6 | 8 | 4 | 1 | 7 | 5 | 3 | 2 | 9 |
| 2 | 7 | 3 | 8 | 9 | 6 | 5 | 4 | 1 |

## Puzzle 28

| | | | | | | | | |
|---|---|---|---|---|---|---|---|---|
| 3 | 7 | 6 | 8 | 1 | 5 | 2 | 9 | 4 |
| 1 | 9 | 5 | 2 | 3 | 4 | 7 | 8 | 6 |
| 4 | 8 | 2 | 6 | 9 | 7 | 1 | 5 | 3 |
| 2 | 5 | 9 | 7 | 6 | 1 | 3 | 4 | 8 |
| 6 | 4 | 1 | 3 | 8 | 2 | 5 | 7 | 9 |
| 7 | 3 | 8 | 5 | 4 | 9 | 6 | 1 | 2 |
| 8 | 1 | 3 | 4 | 5 | 6 | 9 | 2 | 7 |
| 9 | 2 | 4 | 1 | 7 | 3 | 8 | 6 | 5 |
| 5 | 6 | 7 | 9 | 2 | 8 | 4 | 3 | 1 |

## Puzzle 29

| | | | | | | | | |
|---|---|---|---|---|---|---|---|---|
| 5 | 4 | 2 | 6 | 8 | 1 | 9 | 7 | 3 |
| 9 | 6 | 7 | 3 | 4 | 5 | 2 | 8 | 1 |
| 8 | 1 | 3 | 9 | 2 | 7 | 6 | 5 | 4 |
| 2 | 9 | 1 | 7 | 3 | 8 | 5 | 4 | 6 |
| 6 | 3 | 5 | 2 | 1 | 4 | 7 | 9 | 8 |
| 7 | 8 | 4 | 5 | 9 | 6 | 3 | 1 | 2 |
| 3 | 2 | 8 | 4 | 5 | 9 | 1 | 6 | 7 |
| 4 | 5 | 6 | 1 | 7 | 3 | 8 | 2 | 9 |
| 1 | 7 | 9 | 8 | 6 | 2 | 4 | 3 | 5 |

## Puzzle 30

| | | | | | | | | |
|---|---|---|---|---|---|---|---|---|
| 8 | 6 | 3 | 4 | 2 | 5 | 9 | 7 | 1 |
| 5 | 7 | 9 | 8 | 3 | 1 | 2 | 4 | 6 |
| 1 | 2 | 4 | 9 | 7 | 6 | 5 | 3 | 8 |
| 6 | 3 | 1 | 5 | 8 | 7 | 4 | 2 | 9 |
| 9 | 8 | 7 | 6 | 4 | 2 | 3 | 1 | 5 |
| 4 | 5 | 2 | 3 | 1 | 9 | 8 | 6 | 7 |
| 7 | 9 | 5 | 2 | 6 | 3 | 1 | 8 | 4 |
| 3 | 1 | 8 | 7 | 9 | 4 | 6 | 5 | 2 |
| 2 | 4 | 6 | 1 | 5 | 8 | 7 | 9 | 3 |

## Puzzle 31

| | | | | | | | | |
|---|---|---|---|---|---|---|---|---|
| 1 | 2 | 8 | 5 | 7 | 4 | 9 | 3 | 6 |
| 7 | 3 | 6 | 1 | 8 | 9 | 2 | 5 | 4 |
| 9 | 4 | 5 | 3 | 2 | 6 | 7 | 8 | 1 |
| 4 | 6 | 1 | 7 | 5 | 2 | 3 | 9 | 8 |
| 5 | 7 | 3 | 9 | 1 | 8 | 6 | 4 | 2 |
| 8 | 9 | 2 | 6 | 4 | 3 | 1 | 7 | 5 |
| 3 | 8 | 9 | 4 | 6 | 1 | 5 | 2 | 7 |
| 6 | 5 | 4 | 2 | 3 | 7 | 8 | 1 | 9 |
| 2 | 1 | 7 | 8 | 9 | 5 | 4 | 6 | 3 |

## Puzzle 32

| | | | | | | | | |
|---|---|---|---|---|---|---|---|---|
| 9 | 8 | 1 | 6 | 3 | 2 | 5 | 7 | 4 |
| 3 | 4 | 5 | 8 | 7 | 1 | 2 | 9 | 6 |
| 7 | 2 | 6 | 5 | 4 | 9 | 3 | 1 | 8 |
| 2 | 7 | 8 | 3 | 1 | 5 | 4 | 6 | 9 |
| 1 | 6 | 4 | 9 | 2 | 8 | 7 | 5 | 3 |
| 5 | 9 | 3 | 4 | 6 | 7 | 1 | 8 | 2 |
| 8 | 5 | 2 | 7 | 9 | 3 | 6 | 4 | 1 |
| 4 | 1 | 7 | 2 | 8 | 6 | 9 | 3 | 5 |
| 6 | 3 | 9 | 1 | 5 | 4 | 8 | 2 | 7 |

## Puzzle 33

| | | | | | | | | |
|---|---|---|---|---|---|---|---|---|
| 8 | 4 | 7 | 6 | 5 | 2 | 3 | 9 | 1 |
| 1 | 9 | 6 | 7 | 3 | 8 | 2 | 4 | 5 |
| 5 | 3 | 2 | 9 | 1 | 4 | 6 | 7 | 8 |
| 6 | 1 | 5 | 4 | 7 | 3 | 9 | 8 | 2 |
| 7 | 8 | 4 | 2 | 9 | 1 | 5 | 3 | 6 |
| 3 | 2 | 9 | 8 | 6 | 5 | 7 | 1 | 4 |
| 9 | 7 | 1 | 5 | 4 | 6 | 8 | 2 | 3 |
| 2 | 6 | 3 | 1 | 8 | 9 | 4 | 5 | 7 |
| 4 | 5 | 8 | 3 | 2 | 7 | 1 | 6 | 9 |

## Puzzle 34

| | | | | | | | | |
|---|---|---|---|---|---|---|---|---|
| 9 | 4 | 8 | 3 | 5 | 7 | 6 | 1 | 2 |
| 7 | 5 | 6 | 1 | 9 | 2 | 8 | 4 | 3 |
| 3 | 2 | 1 | 8 | 6 | 4 | 9 | 5 | 7 |
| 1 | 9 | 2 | 6 | 7 | 3 | 4 | 8 | 5 |
| 5 | 3 | 7 | 4 | 8 | 1 | 2 | 9 | 6 |
| 8 | 6 | 4 | 5 | 2 | 9 | 7 | 3 | 1 |
| 6 | 1 | 3 | 7 | 4 | 8 | 5 | 2 | 9 |
| 4 | 7 | 9 | 2 | 1 | 5 | 3 | 6 | 8 |
| 2 | 8 | 5 | 9 | 3 | 6 | 1 | 7 | 4 |

## Puzzle 35

| | | | | | | | | |
|---|---|---|---|---|---|---|---|---|
| 3 | 1 | 4 | 9 | 6 | 5 | 8 | 2 | 7 |
| 5 | 9 | 2 | 8 | 7 | 3 | 6 | 1 | 4 |
| 8 | 6 | 7 | 4 | 1 | 2 | 5 | 3 | 9 |
| 6 | 4 | 1 | 2 | 9 | 8 | 7 | 5 | 3 |
| 9 | 2 | 5 | 6 | 3 | 7 | 4 | 8 | 1 |
| 7 | 3 | 8 | 5 | 4 | 1 | 2 | 9 | 6 |
| 1 | 8 | 6 | 7 | 5 | 9 | 3 | 4 | 2 |
| 2 | 7 | 9 | 3 | 8 | 4 | 1 | 6 | 5 |
| 4 | 5 | 3 | 1 | 2 | 6 | 9 | 7 | 8 |

## Puzzle 36

| | | | | | | | | |
|---|---|---|---|---|---|---|---|---|
| 6 | 7 | 9 | 4 | 3 | 2 | 5 | 8 | 1 |
| 1 | 4 | 3 | 8 | 7 | 5 | 6 | 9 | 2 |
| 2 | 8 | 5 | 9 | 6 | 1 | 7 | 3 | 4 |
| 3 | 9 | 6 | 2 | 1 | 4 | 8 | 5 | 7 |
| 7 | 2 | 4 | 3 | 5 | 8 | 1 | 6 | 9 |
| 5 | 1 | 8 | 7 | 9 | 6 | 2 | 4 | 3 |
| 8 | 3 | 1 | 6 | 2 | 9 | 4 | 7 | 5 |
| 9 | 6 | 2 | 5 | 4 | 7 | 3 | 1 | 8 |
| 4 | 5 | 7 | 1 | 8 | 3 | 9 | 2 | 6 |

## Puzzle 37

| | | | | | | | | |
|---|---|---|---|---|---|---|---|---|
| 1 | 9 | 8 | 2 | 3 | 7 | 5 | 6 | 4 |
| 6 | 2 | 4 | 1 | 8 | 5 | 7 | 3 | 9 |
| 5 | 3 | 7 | 9 | 6 | 4 | 1 | 2 | 8 |
| 8 | 5 | 2 | 7 | 4 | 9 | 3 | 1 | 6 |
| 9 | 4 | 1 | 6 | 2 | 3 | 8 | 5 | 7 |
| 3 | 7 | 6 | 8 | 5 | 1 | 4 | 9 | 2 |
| 7 | 6 | 3 | 4 | 1 | 2 | 9 | 8 | 5 |
| 4 | 8 | 5 | 3 | 9 | 6 | 2 | 7 | 1 |
| 2 | 1 | 9 | 5 | 7 | 8 | 6 | 4 | 3 |

## Puzzle 38

| | | | | | | | | |
|---|---|---|---|---|---|---|---|---|
| 8 | 7 | 3 | 6 | 2 | 4 | 5 | 9 | 1 |
| 9 | 5 | 4 | 8 | 1 | 7 | 6 | 3 | 2 |
| 1 | 6 | 2 | 5 | 9 | 3 | 4 | 7 | 8 |
| 4 | 8 | 7 | 9 | 6 | 1 | 3 | 2 | 5 |
| 6 | 3 | 1 | 2 | 7 | 5 | 9 | 8 | 4 |
| 2 | 9 | 5 | 4 | 3 | 8 | 7 | 1 | 6 |
| 7 | 4 | 9 | 1 | 5 | 2 | 8 | 6 | 3 |
| 3 | 1 | 8 | 7 | 4 | 6 | 2 | 5 | 9 |
| 5 | 2 | 6 | 3 | 8 | 9 | 1 | 4 | 7 |

## Puzzle 39

| | | | | | | | | |
|---|---|---|---|---|---|---|---|---|
| 3 | 4 | 7 | 2 | 5 | 8 | 9 | 6 | 1 |
| 9 | 1 | 2 | 6 | 7 | 4 | 8 | 3 | 5 |
| 5 | 6 | 8 | 1 | 9 | 3 | 7 | 2 | 4 |
| 2 | 7 | 6 | 9 | 4 | 1 | 5 | 8 | 3 |
| 4 | 9 | 3 | 5 | 8 | 6 | 1 | 7 | 2 |
| 8 | 5 | 1 | 3 | 2 | 7 | 4 | 9 | 6 |
| 7 | 8 | 5 | 4 | 3 | 2 | 6 | 1 | 9 |
| 6 | 3 | 9 | 8 | 1 | 5 | 2 | 4 | 7 |
| 1 | 2 | 4 | 7 | 6 | 9 | 3 | 5 | 8 |

## Puzzle 40

| | | | | | | | | |
|---|---|---|---|---|---|---|---|---|
| 6 | 8 | 7 | 1 | 4 | 3 | 5 | 9 | 2 |
| 9 | 2 | 4 | 7 | 6 | 5 | 8 | 3 | 1 |
| 3 | 1 | 5 | 9 | 2 | 8 | 7 | 4 | 6 |
| 8 | 4 | 1 | 6 | 3 | 2 | 9 | 5 | 7 |
| 5 | 9 | 2 | 4 | 8 | 7 | 1 | 6 | 3 |
| 7 | 3 | 6 | 5 | 9 | 1 | 4 | 2 | 8 |
| 1 | 7 | 9 | 2 | 5 | 6 | 3 | 8 | 4 |
| 2 | 5 | 3 | 8 | 7 | 4 | 6 | 1 | 9 |
| 4 | 6 | 8 | 3 | 1 | 9 | 2 | 7 | 5 |

## Puzzle 41

| | | | | | | | | |
|---|---|---|---|---|---|---|---|---|
| 9 | 3 | 2 | 7 | 6 | 4 | 5 | 1 | 8 |
| 1 | 7 | 6 | 8 | 9 | 5 | 4 | 2 | 3 |
| 5 | 4 | 8 | 2 | 3 | 1 | 9 | 6 | 7 |
| 6 | 5 | 4 | 9 | 2 | 3 | 7 | 8 | 1 |
| 7 | 1 | 3 | 4 | 8 | 6 | 2 | 5 | 9 |
| 2 | 8 | 9 | 1 | 5 | 7 | 6 | 3 | 4 |
| 4 | 2 | 7 | 6 | 1 | 8 | 3 | 9 | 5 |
| 8 | 6 | 5 | 3 | 4 | 9 | 1 | 7 | 2 |
| 3 | 9 | 1 | 5 | 7 | 2 | 8 | 4 | 6 |

## Puzzle 42

| | | | | | | | | |
|---|---|---|---|---|---|---|---|---|
| 7 | 3 | 2 | 9 | 5 | 6 | 1 | 8 | 4 |
| 1 | 5 | 6 | 8 | 3 | 4 | 2 | 7 | 9 |
| 8 | 9 | 4 | 1 | 2 | 7 | 6 | 3 | 5 |
| 5 | 7 | 1 | 2 | 4 | 8 | 3 | 9 | 6 |
| 2 | 4 | 3 | 6 | 1 | 9 | 8 | 5 | 7 |
| 6 | 8 | 9 | 3 | 7 | 5 | 4 | 1 | 2 |
| 4 | 1 | 5 | 7 | 6 | 3 | 9 | 2 | 8 |
| 9 | 2 | 7 | 4 | 8 | 1 | 5 | 6 | 3 |
| 3 | 6 | 8 | 5 | 9 | 2 | 7 | 4 | 1 |

## Puzzle 43

| | | | | | | | | |
|---|---|---|---|---|---|---|---|---|
| 4 | 2 | 5 | 3 | 9 | 8 | 7 | 1 | 6 |
| 9 | 8 | 6 | 4 | 1 | 7 | 3 | 2 | 5 |
| 3 | 1 | 7 | 2 | 6 | 5 | 8 | 9 | 4 |
| 5 | 9 | 2 | 8 | 4 | 6 | 1 | 7 | 3 |
| 7 | 3 | 1 | 9 | 5 | 2 | 4 | 6 | 8 |
| 6 | 4 | 8 | 7 | 3 | 1 | 9 | 5 | 2 |
| 2 | 5 | 9 | 1 | 8 | 4 | 6 | 3 | 7 |
| 8 | 7 | 3 | 6 | 2 | 9 | 5 | 4 | 1 |
| 1 | 6 | 4 | 5 | 7 | 3 | 2 | 8 | 9 |

## Puzzle 44

| | | | | | | | | |
|---|---|---|---|---|---|---|---|---|
| 6 | 3 | 4 | 8 | 7 | 2 | 1 | 5 | 9 |
| 8 | 7 | 1 | 9 | 5 | 3 | 4 | 2 | 6 |
| 5 | 9 | 2 | 1 | 4 | 6 | 7 | 8 | 3 |
| 1 | 6 | 5 | 2 | 8 | 7 | 3 | 9 | 4 |
| 9 | 2 | 8 | 3 | 6 | 4 | 5 | 1 | 7 |
| 3 | 4 | 7 | 5 | 9 | 1 | 2 | 6 | 8 |
| 4 | 1 | 6 | 7 | 2 | 9 | 8 | 3 | 5 |
| 2 | 8 | 9 | 4 | 3 | 5 | 6 | 7 | 1 |
| 7 | 5 | 3 | 6 | 1 | 8 | 9 | 4 | 2 |

## Puzzle 45

| | | | | | | | | |
|---|---|---|---|---|---|---|---|---|
| 7 | 2 | 6 | 5 | 3 | 8 | 4 | 9 | 1 |
| 3 | 9 | 4 | 6 | 1 | 7 | 8 | 5 | 2 |
| 1 | 5 | 8 | 2 | 9 | 4 | 6 | 7 | 3 |
| 9 | 8 | 2 | 1 | 4 | 3 | 7 | 6 | 5 |
| 6 | 7 | 1 | 9 | 8 | 5 | 3 | 2 | 4 |
| 4 | 3 | 5 | 7 | 6 | 2 | 9 | 1 | 8 |
| 5 | 4 | 9 | 3 | 7 | 1 | 2 | 8 | 6 |
| 2 | 6 | 3 | 8 | 5 | 9 | 1 | 4 | 7 |
| 8 | 1 | 7 | 4 | 2 | 6 | 5 | 3 | 9 |

## Puzzle 46

| | | | | | | | | |
|---|---|---|---|---|---|---|---|---|
| 1 | 7 | 4 | 2 | 5 | 8 | 9 | 6 | 3 |
| 2 | 9 | 5 | 1 | 3 | 6 | 4 | 7 | 8 |
| 8 | 6 | 3 | 4 | 9 | 7 | 2 | 1 | 5 |
| 6 | 5 | 2 | 3 | 4 | 1 | 8 | 9 | 7 |
| 4 | 8 | 7 | 6 | 2 | 9 | 3 | 5 | 1 |
| 3 | 1 | 9 | 8 | 7 | 5 | 6 | 2 | 4 |
| 9 | 2 | 8 | 7 | 1 | 4 | 5 | 3 | 6 |
| 5 | 4 | 1 | 9 | 6 | 3 | 7 | 8 | 2 |
| 7 | 3 | 6 | 5 | 8 | 2 | 1 | 4 | 9 |

## Puzzle 47

| | | | | | | | | |
|---|---|---|---|---|---|---|---|---|
| 5 | 9 | 6 | 1 | 7 | 4 | 2 | 8 | 3 |
| 2 | 8 | 4 | 6 | 9 | 3 | 7 | 1 | 5 |
| 3 | 1 | 7 | 2 | 5 | 8 | 4 | 9 | 6 |
| 1 | 4 | 3 | 8 | 2 | 7 | 6 | 5 | 9 |
| 9 | 2 | 5 | 4 | 3 | 6 | 1 | 7 | 8 |
| 7 | 6 | 8 | 5 | 1 | 9 | 3 | 4 | 2 |
| 8 | 7 | 9 | 3 | 4 | 2 | 5 | 6 | 1 |
| 6 | 3 | 1 | 7 | 8 | 5 | 9 | 2 | 4 |
| 4 | 5 | 2 | 9 | 6 | 1 | 8 | 3 | 7 |

## Puzzle 48

| | | | | | | | | |
|---|---|---|---|---|---|---|---|---|
| 3 | 2 | 7 | 8 | 6 | 9 | 4 | 1 | 5 |
| 8 | 5 | 4 | 2 | 3 | 1 | 7 | 6 | 9 |
| 9 | 6 | 1 | 4 | 5 | 7 | 2 | 8 | 3 |
| 7 | 9 | 3 | 5 | 8 | 4 | 6 | 2 | 1 |
| 5 | 8 | 6 | 1 | 9 | 2 | 3 | 4 | 7 |
| 4 | 1 | 2 | 6 | 7 | 3 | 9 | 5 | 8 |
| 1 | 7 | 8 | 3 | 2 | 6 | 5 | 9 | 4 |
| 6 | 4 | 9 | 7 | 1 | 5 | 8 | 3 | 2 |
| 2 | 3 | 5 | 9 | 4 | 8 | 1 | 7 | 6 |

## Puzzle 49

| | | | | | | | | |
|---|---|---|---|---|---|---|---|---|
| 1 | 7 | 2 | 8 | 5 | 9 | 3 | 4 | 6 |
| 8 | 6 | 3 | 4 | 2 | 7 | 5 | 9 | 1 |
| 9 | 4 | 5 | 1 | 3 | 6 | 8 | 7 | 2 |
| 4 | 3 | 9 | 5 | 6 | 2 | 1 | 8 | 7 |
| 5 | 1 | 8 | 7 | 4 | 3 | 2 | 6 | 9 |
| 6 | 2 | 7 | 9 | 1 | 8 | 4 | 5 | 3 |
| 2 | 5 | 6 | 3 | 7 | 4 | 9 | 1 | 8 |
| 3 | 9 | 4 | 6 | 8 | 1 | 7 | 2 | 5 |
| 7 | 8 | 1 | 2 | 9 | 5 | 6 | 3 | 4 |

## Puzzle 50

| | | | | | | | | |
|---|---|---|---|---|---|---|---|---|
| 3 | 7 | 4 | 1 | 5 | 9 | 6 | 8 | 2 |
| 6 | 8 | 2 | 7 | 4 | 3 | 1 | 9 | 5 |
| 9 | 1 | 5 | 6 | 2 | 8 | 3 | 7 | 4 |
| 8 | 4 | 6 | 3 | 9 | 5 | 2 | 1 | 7 |
| 5 | 3 | 1 | 8 | 7 | 2 | 4 | 6 | 9 |
| 2 | 9 | 7 | 4 | 1 | 6 | 5 | 3 | 8 |
| 4 | 6 | 9 | 5 | 8 | 1 | 7 | 2 | 3 |
| 7 | 2 | 3 | 9 | 6 | 4 | 8 | 5 | 1 |
| 1 | 5 | 8 | 2 | 3 | 7 | 9 | 4 | 6 |

## Puzzle 51

| | | | | | | | | |
|---|---|---|---|---|---|---|---|---|
| 5 | 9 | 3 | 4 | 7 | 8 | 2 | 6 | 1 |
| 2 | 8 | 7 | 1 | 9 | 6 | 4 | 3 | 5 |
| 4 | 6 | 1 | 5 | 2 | 3 | 8 | 7 | 9 |
| 9 | 7 | 4 | 2 | 3 | 5 | 6 | 1 | 8 |
| 6 | 5 | 2 | 8 | 1 | 7 | 3 | 9 | 4 |
| 3 | 1 | 8 | 6 | 4 | 9 | 5 | 2 | 7 |
| 7 | 2 | 9 | 3 | 8 | 4 | 1 | 5 | 6 |
| 1 | 4 | 5 | 9 | 6 | 2 | 7 | 8 | 3 |
| 8 | 3 | 6 | 7 | 5 | 1 | 9 | 4 | 2 |

## Puzzle 52

| | | | | | | | | |
|---|---|---|---|---|---|---|---|---|
| 1 | 2 | 4 | 9 | 3 | 6 | 7 | 5 | 8 |
| 9 | 5 | 7 | 4 | 8 | 2 | 1 | 6 | 3 |
| 3 | 6 | 8 | 7 | 1 | 5 | 2 | 4 | 9 |
| 2 | 9 | 3 | 8 | 6 | 1 | 5 | 7 | 4 |
| 8 | 4 | 6 | 5 | 2 | 7 | 9 | 3 | 1 |
| 7 | 1 | 5 | 3 | 9 | 4 | 8 | 2 | 6 |
| 5 | 7 | 1 | 6 | 4 | 9 | 3 | 8 | 2 |
| 4 | 8 | 2 | 1 | 5 | 3 | 6 | 9 | 7 |
| 6 | 3 | 9 | 2 | 7 | 8 | 4 | 1 | 5 |

## Puzzle 53

| | | | | | | | | |
|---|---|---|---|---|---|---|---|---|
| 4 | 5 | 1 | 2 | 7 | 8 | 6 | 3 | 9 |
| 6 | 3 | 7 | 5 | 4 | 9 | 2 | 8 | 1 |
| 9 | 8 | 2 | 1 | 3 | 6 | 4 | 5 | 7 |
| 7 | 9 | 5 | 8 | 6 | 1 | 3 | 4 | 2 |
| 2 | 6 | 3 | 4 | 9 | 5 | 7 | 1 | 8 |
| 8 | 1 | 4 | 7 | 2 | 3 | 9 | 6 | 5 |
| 5 | 4 | 6 | 9 | 8 | 2 | 1 | 7 | 3 |
| 1 | 7 | 9 | 3 | 5 | 4 | 8 | 2 | 6 |
| 3 | 2 | 8 | 6 | 1 | 7 | 5 | 9 | 4 |

## Puzzle 54

| | | | | | | | | |
|---|---|---|---|---|---|---|---|---|
| 1 | 3 | 8 | 4 | 9 | 7 | 6 | 5 | 2 |
| 6 | 5 | 4 | 1 | 2 | 3 | 8 | 7 | 9 |
| 9 | 7 | 2 | 6 | 5 | 8 | 4 | 3 | 1 |
| 2 | 9 | 3 | 8 | 7 | 6 | 5 | 1 | 4 |
| 7 | 4 | 6 | 5 | 1 | 2 | 3 | 9 | 8 |
| 5 | 8 | 1 | 9 | 3 | 4 | 7 | 2 | 6 |
| 4 | 2 | 5 | 3 | 6 | 1 | 9 | 8 | 7 |
| 3 | 6 | 7 | 2 | 8 | 9 | 1 | 4 | 5 |
| 8 | 1 | 9 | 7 | 4 | 5 | 2 | 6 | 3 |

## Puzzle 55

| | | | | | | | | |
|---|---|---|---|---|---|---|---|---|
| 5 | 9 | 6 | 1 | 7 | 8 | 3 | 4 | 2 |
| 1 | 8 | 3 | 2 | 9 | 4 | 5 | 6 | 7 |
| 2 | 4 | 7 | 6 | 5 | 3 | 1 | 8 | 9 |
| 9 | 1 | 5 | 4 | 2 | 6 | 8 | 7 | 3 |
| 7 | 6 | 8 | 9 | 3 | 1 | 4 | 2 | 5 |
| 4 | 3 | 2 | 7 | 8 | 5 | 6 | 9 | 1 |
| 8 | 2 | 1 | 3 | 4 | 7 | 9 | 5 | 6 |
| 3 | 7 | 4 | 5 | 6 | 9 | 2 | 1 | 8 |
| 6 | 5 | 9 | 8 | 1 | 2 | 7 | 3 | 4 |

## Puzzle 56

| | | | | | | | | |
|---|---|---|---|---|---|---|---|---|
| 3 | 6 | 9 | 8 | 5 | 4 | 1 | 2 | 7 |
| 5 | 2 | 1 | 7 | 6 | 3 | 9 | 8 | 4 |
| 7 | 4 | 8 | 1 | 9 | 2 | 5 | 3 | 6 |
| 9 | 7 | 2 | 6 | 4 | 8 | 3 | 5 | 1 |
| 6 | 3 | 4 | 5 | 2 | 1 | 7 | 9 | 8 |
| 8 | 1 | 5 | 9 | 3 | 7 | 6 | 4 | 2 |
| 1 | 9 | 3 | 4 | 8 | 6 | 2 | 7 | 5 |
| 4 | 5 | 6 | 2 | 7 | 9 | 8 | 1 | 3 |
| 2 | 8 | 7 | 3 | 1 | 5 | 4 | 6 | 9 |

## Puzzle 57

| | | | | | | | | |
|---|---|---|---|---|---|---|---|---|
| 6 | 7 | 1 | 9 | 2 | 3 | 5 | 4 | 8 |
| 3 | 5 | 2 | 4 | 1 | 8 | 9 | 6 | 7 |
| 8 | 4 | 9 | 7 | 5 | 6 | 3 | 2 | 1 |
| 7 | 2 | 8 | 5 | 9 | 1 | 4 | 3 | 6 |
| 9 | 3 | 4 | 8 | 6 | 2 | 1 | 7 | 5 |
| 1 | 6 | 5 | 3 | 7 | 4 | 2 | 8 | 9 |
| 2 | 1 | 7 | 6 | 4 | 5 | 8 | 9 | 3 |
| 5 | 8 | 6 | 2 | 3 | 9 | 7 | 1 | 4 |
| 4 | 9 | 3 | 1 | 8 | 7 | 6 | 5 | 2 |

## Puzzle 58

| | | | | | | | | |
|---|---|---|---|---|---|---|---|---|
| 4 | 2 | 6 | 7 | 1 | 5 | 3 | 9 | 8 |
| 9 | 1 | 8 | 3 | 4 | 6 | 2 | 5 | 7 |
| 3 | 7 | 5 | 9 | 8 | 2 | 6 | 4 | 1 |
| 6 | 8 | 3 | 4 | 7 | 9 | 1 | 2 | 5 |
| 7 | 5 | 1 | 6 | 2 | 8 | 4 | 3 | 9 |
| 2 | 4 | 9 | 5 | 3 | 1 | 7 | 8 | 6 |
| 8 | 6 | 7 | 2 | 5 | 3 | 9 | 1 | 4 |
| 5 | 3 | 4 | 1 | 9 | 7 | 8 | 6 | 2 |
| 1 | 9 | 2 | 8 | 6 | 4 | 5 | 7 | 3 |

## Puzzle 59

| | | | | | | | | |
|---|---|---|---|---|---|---|---|---|
| 3 | 9 | 2 | 6 | 4 | 1 | 7 | 5 | 8 |
| 8 | 5 | 1 | 9 | 2 | 7 | 3 | 4 | 6 |
| 7 | 4 | 6 | 5 | 3 | 8 | 2 | 9 | 1 |
| 9 | 3 | 4 | 2 | 8 | 6 | 1 | 7 | 5 |
| 5 | 2 | 7 | 4 | 1 | 9 | 6 | 8 | 3 |
| 6 | 1 | 8 | 7 | 5 | 3 | 4 | 2 | 9 |
| 2 | 6 | 5 | 3 | 9 | 4 | 8 | 1 | 7 |
| 1 | 7 | 9 | 8 | 6 | 2 | 5 | 3 | 4 |
| 4 | 8 | 3 | 1 | 7 | 5 | 9 | 6 | 2 |

## Puzzle 60

| | | | | | | | | |
|---|---|---|---|---|---|---|---|---|
| 9 | 5 | 3 | 7 | 4 | 6 | 1 | 8 | 2 |
| 2 | 4 | 6 | 3 | 1 | 8 | 7 | 5 | 9 |
| 8 | 7 | 1 | 9 | 2 | 5 | 4 | 3 | 6 |
| 6 | 3 | 8 | 5 | 7 | 2 | 9 | 4 | 1 |
| 7 | 2 | 9 | 1 | 8 | 4 | 5 | 6 | 3 |
| 4 | 1 | 5 | 6 | 9 | 3 | 8 | 2 | 7 |
| 1 | 6 | 4 | 2 | 5 | 7 | 3 | 9 | 8 |
| 5 | 9 | 2 | 8 | 3 | 1 | 6 | 7 | 4 |
| 3 | 8 | 7 | 4 | 6 | 9 | 2 | 1 | 5 |

## Puzzle 61

| | | | | | | | | |
|---|---|---|---|---|---|---|---|---|
| 5 | 1 | 9 | 4 | 2 | 8 | 3 | 7 | 6 |
| 6 | 7 | 8 | 9 | 1 | 3 | 5 | 4 | 2 |
| 4 | 3 | 2 | 6 | 5 | 7 | 8 | 9 | 1 |
| 1 | 8 | 5 | 3 | 9 | 2 | 7 | 6 | 4 |
| 3 | 9 | 4 | 8 | 7 | 6 | 2 | 1 | 5 |
| 7 | 2 | 6 | 1 | 4 | 5 | 9 | 8 | 3 |
| 9 | 5 | 3 | 7 | 6 | 4 | 1 | 2 | 8 |
| 2 | 6 | 1 | 5 | 8 | 9 | 4 | 3 | 7 |
| 8 | 4 | 7 | 2 | 3 | 1 | 6 | 5 | 9 |

## Puzzle 62

| | | | | | | | | |
|---|---|---|---|---|---|---|---|---|
| 8 | 6 | 2 | 5 | 9 | 3 | 7 | 1 | 4 |
| 4 | 5 | 1 | 6 | 8 | 7 | 2 | 3 | 9 |
| 9 | 7 | 3 | 4 | 1 | 2 | 8 | 6 | 5 |
| 3 | 8 | 5 | 1 | 7 | 4 | 9 | 2 | 6 |
| 1 | 2 | 4 | 9 | 6 | 5 | 3 | 7 | 8 |
| 6 | 9 | 7 | 2 | 3 | 8 | 5 | 4 | 1 |
| 2 | 3 | 6 | 8 | 4 | 9 | 1 | 5 | 7 |
| 7 | 1 | 9 | 3 | 5 | 6 | 4 | 8 | 2 |
| 5 | 4 | 8 | 7 | 2 | 1 | 6 | 9 | 3 |

## Puzzle 63

| | | | | | | | | |
|---|---|---|---|---|---|---|---|---|
| 8 | 2 | 3 | 1 | 4 | 7 | 9 | 5 | 6 |
| 4 | 6 | 5 | 3 | 2 | 9 | 1 | 8 | 7 |
| 1 | 9 | 7 | 6 | 5 | 8 | 4 | 2 | 3 |
| 9 | 8 | 6 | 2 | 3 | 5 | 7 | 4 | 1 |
| 5 | 3 | 1 | 4 | 7 | 6 | 2 | 9 | 8 |
| 7 | 4 | 2 | 9 | 8 | 1 | 3 | 6 | 5 |
| 3 | 1 | 4 | 5 | 6 | 2 | 8 | 7 | 9 |
| 2 | 5 | 8 | 7 | 9 | 3 | 6 | 1 | 4 |
| 6 | 7 | 9 | 8 | 1 | 4 | 5 | 3 | 2 |

## Puzzle 64

| | | | | | | | | |
|---|---|---|---|---|---|---|---|---|
| 7 | 4 | 3 | 2 | 8 | 9 | 6 | 5 | 1 |
| 9 | 2 | 5 | 1 | 4 | 6 | 3 | 7 | 8 |
| 1 | 6 | 8 | 5 | 7 | 3 | 9 | 4 | 2 |
| 8 | 5 | 2 | 4 | 3 | 7 | 1 | 6 | 9 |
| 3 | 1 | 6 | 9 | 5 | 2 | 7 | 8 | 4 |
| 4 | 9 | 7 | 6 | 1 | 8 | 2 | 3 | 5 |
| 2 | 3 | 4 | 8 | 6 | 1 | 5 | 9 | 7 |
| 5 | 7 | 1 | 3 | 9 | 4 | 8 | 2 | 6 |
| 6 | 8 | 9 | 7 | 2 | 5 | 4 | 1 | 3 |

## Puzzle 65

| | | | | | | | | |
|---|---|---|---|---|---|---|---|---|
| 8 | 4 | 7 | 6 | 5 | 9 | 2 | 1 | 3 |
| 9 | 3 | 1 | 2 | 7 | 4 | 6 | 8 | 5 |
| 2 | 5 | 6 | 1 | 3 | 8 | 4 | 7 | 9 |
| 6 | 2 | 8 | 4 | 9 | 7 | 3 | 5 | 1 |
| 4 | 7 | 9 | 5 | 1 | 3 | 8 | 6 | 2 |
| 5 | 1 | 3 | 8 | 2 | 6 | 9 | 4 | 7 |
| 7 | 8 | 2 | 3 | 6 | 5 | 1 | 9 | 4 |
| 1 | 9 | 4 | 7 | 8 | 2 | 5 | 3 | 6 |
| 3 | 6 | 5 | 9 | 4 | 1 | 7 | 2 | 8 |

## Puzzle 66

| | | | | | | | | |
|---|---|---|---|---|---|---|---|---|
| 1 | 7 | 4 | 2 | 5 | 8 | 9 | 6 | 3 |
| 2 | 9 | 5 | 1 | 3 | 6 | 4 | 7 | 8 |
| 8 | 6 | 3 | 4 | 9 | 7 | 2 | 1 | 5 |
| 6 | 5 | 2 | 3 | 4 | 1 | 8 | 9 | 7 |
| 4 | 8 | 7 | 6 | 2 | 9 | 3 | 5 | 1 |
| 3 | 1 | 9 | 8 | 7 | 5 | 6 | 2 | 4 |
| 9 | 2 | 8 | 7 | 1 | 4 | 5 | 3 | 6 |
| 5 | 4 | 1 | 9 | 6 | 3 | 7 | 8 | 2 |
| 7 | 3 | 6 | 5 | 8 | 2 | 1 | 4 | 9 |

## Puzzle 67

| | | | | | | | | |
|---|---|---|---|---|---|---|---|---|
| 4 | 8 | 7 | 6 | 1 | 5 | 2 | 9 | 3 |
| 2 | 9 | 5 | 7 | 4 | 3 | 1 | 6 | 8 |
| 1 | 6 | 3 | 9 | 2 | 8 | 7 | 4 | 5 |
| 3 | 5 | 2 | 1 | 9 | 4 | 8 | 7 | 6 |
| 7 | 1 | 9 | 2 | 8 | 6 | 5 | 3 | 4 |
| 8 | 4 | 6 | 3 | 5 | 7 | 9 | 2 | 1 |
| 6 | 3 | 1 | 8 | 7 | 2 | 4 | 5 | 9 |
| 5 | 7 | 8 | 4 | 3 | 9 | 6 | 1 | 2 |
| 9 | 2 | 4 | 5 | 6 | 1 | 3 | 8 | 7 |

## Puzzle 68

| | | | | | | | | |
|---|---|---|---|---|---|---|---|---|
| 3 | 4 | 1 | 9 | 8 | 7 | 6 | 2 | 5 |
| 2 | 9 | 7 | 3 | 6 | 5 | 8 | 1 | 4 |
| 8 | 5 | 6 | 4 | 1 | 2 | 9 | 7 | 3 |
| 6 | 8 | 5 | 1 | 3 | 4 | 7 | 9 | 2 |
| 7 | 1 | 2 | 5 | 9 | 8 | 3 | 4 | 6 |
| 4 | 3 | 9 | 2 | 7 | 6 | 5 | 8 | 1 |
| 1 | 6 | 3 | 8 | 2 | 9 | 4 | 5 | 7 |
| 9 | 7 | 4 | 6 | 5 | 1 | 2 | 3 | 8 |
| 5 | 2 | 8 | 7 | 4 | 3 | 1 | 6 | 9 |

## Puzzle 69

| | | | | | | | | |
|---|---|---|---|---|---|---|---|---|
| 8 | 9 | 2 | 3 | 1 | 6 | 5 | 4 | 7 |
| 5 | 4 | 3 | 8 | 2 | 7 | 6 | 9 | 1 |
| 7 | 6 | 1 | 4 | 5 | 9 | 8 | 3 | 2 |
| 4 | 1 | 5 | 7 | 8 | 3 | 9 | 2 | 6 |
| 6 | 7 | 8 | 5 | 9 | 2 | 3 | 1 | 4 |
| 2 | 3 | 9 | 6 | 4 | 1 | 7 | 5 | 8 |
| 1 | 2 | 6 | 9 | 3 | 8 | 4 | 7 | 5 |
| 3 | 8 | 4 | 2 | 7 | 5 | 1 | 6 | 9 |
| 9 | 5 | 7 | 1 | 6 | 4 | 2 | 8 | 3 |

## Puzzle 70

| | | | | | | | | |
|---|---|---|---|---|---|---|---|---|
| 5 | 1 | 8 | 6 | 2 | 7 | 9 | 3 | 4 |
| 2 | 4 | 3 | 9 | 5 | 1 | 7 | 8 | 6 |
| 6 | 7 | 9 | 4 | 8 | 3 | 2 | 5 | 1 |
| 4 | 6 | 2 | 1 | 9 | 8 | 5 | 7 | 3 |
| 3 | 5 | 7 | 2 | 6 | 4 | 8 | 1 | 9 |
| 9 | 8 | 1 | 3 | 7 | 5 | 4 | 6 | 2 |
| 7 | 9 | 6 | 8 | 1 | 2 | 3 | 4 | 5 |
| 8 | 2 | 4 | 5 | 3 | 6 | 1 | 9 | 7 |
| 1 | 3 | 5 | 7 | 4 | 9 | 6 | 2 | 8 |

## Puzzle 71

| | | | | | | | | |
|---|---|---|---|---|---|---|---|---|
| 3 | 6 | 9 | 8 | 2 | 4 | 1 | 5 | 7 |
| 7 | 2 | 4 | 5 | 1 | 9 | 6 | 3 | 8 |
| 8 | 1 | 5 | 3 | 6 | 7 | 2 | 9 | 4 |
| 5 | 9 | 7 | 2 | 8 | 1 | 3 | 4 | 6 |
| 2 | 8 | 3 | 7 | 4 | 6 | 5 | 1 | 9 |
| 6 | 4 | 1 | 9 | 3 | 5 | 8 | 7 | 2 |
| 9 | 7 | 2 | 6 | 5 | 3 | 4 | 8 | 1 |
| 4 | 5 | 8 | 1 | 7 | 2 | 9 | 6 | 3 |
| 1 | 3 | 6 | 4 | 9 | 8 | 7 | 2 | 5 |

## Puzzle 72

| | | | | | | | | |
|---|---|---|---|---|---|---|---|---|
| 2 | 3 | 5 | 6 | 4 | 7 | 9 | 8 | 1 |
| 1 | 8 | 9 | 5 | 3 | 2 | 4 | 7 | 6 |
| 7 | 4 | 6 | 8 | 9 | 1 | 2 | 5 | 3 |
| 4 | 5 | 1 | 9 | 7 | 8 | 3 | 6 | 2 |
| 3 | 6 | 8 | 1 | 2 | 5 | 7 | 9 | 4 |
| 9 | 7 | 2 | 3 | 6 | 4 | 5 | 1 | 8 |
| 6 | 9 | 7 | 4 | 1 | 3 | 8 | 2 | 5 |
| 8 | 1 | 3 | 2 | 5 | 9 | 6 | 4 | 7 |
| 5 | 2 | 4 | 7 | 8 | 6 | 1 | 3 | 9 |

## Puzzle 73

| 4 | 9 | 6 | 7 | 1 | 3 | 8 | 5 | 2 |
|---|---|---|---|---|---|---|---|---|
| 2 | 5 | 7 | 6 | 8 | 4 | 9 | 1 | 3 |
| 8 | 3 | 1 | 9 | 5 | 2 | 4 | 6 | 7 |
| 3 | 4 | 8 | 1 | 9 | 5 | 7 | 2 | 6 |
| 9 | 7 | 5 | 2 | 3 | 6 | 1 | 8 | 4 |
| 6 | 1 | 2 | 8 | 4 | 7 | 3 | 9 | 5 |
| 7 | 8 | 4 | 5 | 6 | 1 | 2 | 3 | 9 |
| 1 | 6 | 3 | 4 | 2 | 9 | 5 | 7 | 8 |
| 5 | 2 | 9 | 3 | 7 | 8 | 6 | 4 | 1 |

## Puzzle 74

| 8 | 2 | 3 | 9 | 5 | 1 | 6 | 4 | 7 |
|---|---|---|---|---|---|---|---|---|
| 6 | 1 | 4 | 7 | 3 | 2 | 5 | 8 | 9 |
| 9 | 5 | 7 | 4 | 8 | 6 | 3 | 2 | 1 |
| 4 | 9 | 6 | 2 | 1 | 8 | 7 | 3 | 5 |
| 1 | 3 | 5 | 6 | 4 | 7 | 2 | 9 | 8 |
| 7 | 8 | 2 | 3 | 9 | 5 | 4 | 1 | 6 |
| 5 | 6 | 1 | 8 | 2 | 4 | 9 | 7 | 3 |
| 2 | 7 | 9 | 1 | 6 | 3 | 8 | 5 | 4 |
| 3 | 4 | 8 | 5 | 7 | 9 | 1 | 6 | 2 |

## Puzzle 75

| 4 | 6 | 9 | 7 | 5 | 3 | 2 | 8 | 1 |
|---|---|---|---|---|---|---|---|---|
| 3 | 2 | 5 | 1 | 8 | 9 | 6 | 7 | 4 |
| 1 | 7 | 8 | 2 | 4 | 6 | 5 | 9 | 3 |
| 6 | 8 | 2 | 4 | 1 | 7 | 3 | 5 | 9 |
| 9 | 1 | 4 | 5 | 3 | 2 | 8 | 6 | 7 |
| 7 | 5 | 3 | 9 | 6 | 8 | 4 | 1 | 2 |
| 2 | 3 | 6 | 8 | 7 | 1 | 9 | 4 | 5 |
| 8 | 4 | 1 | 3 | 9 | 5 | 7 | 2 | 6 |
| 5 | 9 | 7 | 6 | 2 | 4 | 1 | 3 | 8 |

## Puzzle 76

| 1 | 4 | 2 | 6 | 7 | 8 | 3 | 9 | 5 |
|---|---|---|---|---|---|---|---|---|
| 5 | 6 | 8 | 3 | 1 | 9 | 2 | 4 | 7 |
| 7 | 3 | 9 | 5 | 2 | 4 | 8 | 6 | 1 |
| 2 | 7 | 5 | 9 | 3 | 1 | 6 | 8 | 4 |
| 4 | 8 | 3 | 7 | 6 | 5 | 1 | 2 | 9 |
| 9 | 1 | 6 | 8 | 4 | 2 | 5 | 7 | 3 |
| 3 | 5 | 7 | 4 | 8 | 6 | 9 | 1 | 2 |
| 6 | 2 | 4 | 1 | 9 | 3 | 7 | 5 | 8 |
| 8 | 9 | 1 | 2 | 5 | 7 | 4 | 3 | 6 |

## Puzzle 77

| 7 | 1 | 5 | 9 | 6 | 3 | 8 | 4 | 2 |
|---|---|---|---|---|---|---|---|---|
| 6 | 8 | 2 | 5 | 4 | 7 | 3 | 9 | 1 |
| 4 | 9 | 3 | 1 | 2 | 8 | 5 | 7 | 6 |
| 9 | 6 | 4 | 8 | 1 | 5 | 7 | 2 | 3 |
| 2 | 5 | 7 | 4 | 3 | 9 | 6 | 1 | 8 |
| 1 | 3 | 8 | 2 | 7 | 6 | 9 | 5 | 4 |
| 5 | 2 | 9 | 3 | 8 | 1 | 4 | 6 | 7 |
| 8 | 7 | 1 | 6 | 9 | 4 | 2 | 3 | 5 |
| 3 | 4 | 6 | 7 | 5 | 2 | 1 | 8 | 9 |

## Puzzle 78

| 4 | 8 | 2 | 1 | 5 | 6 | 3 | 9 | 7 |
|---|---|---|---|---|---|---|---|---|
| 3 | 1 | 6 | 2 | 7 | 9 | 8 | 5 | 4 |
| 7 | 9 | 5 | 3 | 8 | 4 | 1 | 6 | 2 |
| 5 | 2 | 8 | 4 | 6 | 7 | 9 | 3 | 1 |
| 1 | 7 | 4 | 9 | 3 | 8 | 5 | 2 | 6 |
| 6 | 3 | 9 | 5 | 1 | 2 | 7 | 4 | 8 |
| 9 | 6 | 1 | 8 | 4 | 5 | 2 | 7 | 3 |
| 2 | 4 | 3 | 7 | 9 | 1 | 6 | 8 | 5 |
| 8 | 5 | 7 | 6 | 2 | 3 | 4 | 1 | 9 |

## Puzzle 79

| | | | | | | | | |
|---|---|---|---|---|---|---|---|---|
| 7 | 6 | 5 | 1 | 8 | 9 | 2 | 3 | 4 |
| 3 | 2 | 8 | 6 | 4 | 7 | 9 | 1 | 5 |
| 9 | 1 | 4 | 5 | 3 | 2 | 6 | 8 | 7 |
| 4 | 9 | 6 | 8 | 5 | 3 | 1 | 7 | 2 |
| 1 | 3 | 7 | 2 | 9 | 4 | 8 | 5 | 6 |
| 8 | 5 | 2 | 7 | 6 | 1 | 3 | 4 | 9 |
| 5 | 7 | 3 | 9 | 2 | 8 | 4 | 6 | 1 |
| 6 | 8 | 9 | 4 | 1 | 5 | 7 | 2 | 3 |
| 2 | 4 | 1 | 3 | 7 | 6 | 5 | 9 | 8 |

## Puzzle 80

| | | | | | | | | |
|---|---|---|---|---|---|---|---|---|
| 4 | 8 | 9 | 2 | 1 | 5 | 7 | 6 | 3 |
| 7 | 3 | 1 | 4 | 6 | 8 | 5 | 9 | 2 |
| 5 | 6 | 2 | 3 | 7 | 9 | 4 | 8 | 1 |
| 2 | 9 | 7 | 1 | 4 | 3 | 6 | 5 | 8 |
| 3 | 4 | 6 | 8 | 5 | 7 | 1 | 2 | 9 |
| 8 | 1 | 5 | 9 | 2 | 6 | 3 | 7 | 4 |
| 9 | 7 | 4 | 6 | 8 | 1 | 2 | 3 | 5 |
| 6 | 2 | 8 | 5 | 3 | 4 | 9 | 1 | 7 |
| 1 | 5 | 3 | 7 | 9 | 2 | 8 | 4 | 6 |

## Puzzle 81

| | | | | | | | | |
|---|---|---|---|---|---|---|---|---|
| 3 | 1 | 4 | 5 | 9 | 8 | 2 | 7 | 6 |
| 6 | 2 | 8 | 1 | 7 | 3 | 9 | 4 | 5 |
| 9 | 7 | 5 | 4 | 6 | 2 | 8 | 1 | 3 |
| 7 | 8 | 6 | 3 | 4 | 5 | 1 | 9 | 2 |
| 1 | 3 | 9 | 2 | 8 | 7 | 5 | 6 | 4 |
| 4 | 5 | 2 | 9 | 1 | 6 | 3 | 8 | 7 |
| 2 | 6 | 7 | 8 | 5 | 1 | 4 | 3 | 9 |
| 5 | 4 | 1 | 6 | 3 | 9 | 7 | 2 | 8 |
| 8 | 9 | 3 | 7 | 2 | 4 | 6 | 5 | 1 |

## Puzzle 82

| | | | | | | | | |
|---|---|---|---|---|---|---|---|---|
| 7 | 5 | 2 | 1 | 4 | 8 | 6 | 3 | 9 |
| 4 | 9 | 3 | 5 | 7 | 6 | 8 | 2 | 1 |
| 8 | 6 | 1 | 3 | 9 | 2 | 4 | 5 | 7 |
| 1 | 7 | 5 | 4 | 8 | 3 | 9 | 6 | 2 |
| 3 | 2 | 6 | 9 | 1 | 5 | 7 | 8 | 4 |
| 9 | 8 | 4 | 6 | 2 | 7 | 5 | 1 | 3 |
| 5 | 3 | 7 | 2 | 6 | 9 | 1 | 4 | 8 |
| 2 | 4 | 8 | 7 | 5 | 1 | 3 | 9 | 6 |
| 6 | 1 | 9 | 8 | 3 | 4 | 2 | 7 | 5 |

## Puzzle 83

| | | | | | | | | |
|---|---|---|---|---|---|---|---|---|
| 6 | 3 | 2 | 1 | 4 | 7 | 9 | 8 | 5 |
| 1 | 4 | 5 | 8 | 6 | 9 | 3 | 2 | 7 |
| 8 | 7 | 9 | 5 | 3 | 2 | 6 | 1 | 4 |
| 3 | 2 | 7 | 6 | 9 | 4 | 1 | 5 | 8 |
| 4 | 9 | 1 | 3 | 5 | 8 | 2 | 7 | 6 |
| 5 | 8 | 6 | 7 | 2 | 1 | 4 | 3 | 9 |
| 2 | 5 | 3 | 9 | 7 | 6 | 8 | 4 | 1 |
| 7 | 6 | 8 | 4 | 1 | 3 | 5 | 9 | 2 |
| 9 | 1 | 4 | 2 | 8 | 5 | 7 | 6 | 3 |

## Puzzle 84

| | | | | | | | | |
|---|---|---|---|---|---|---|---|---|
| 5 | 9 | 3 | 7 | 1 | 8 | 6 | 4 | 2 |
| 8 | 4 | 2 | 3 | 6 | 9 | 7 | 1 | 5 |
| 1 | 6 | 7 | 5 | 4 | 2 | 9 | 3 | 8 |
| 7 | 1 | 8 | 6 | 5 | 3 | 2 | 9 | 4 |
| 2 | 3 | 4 | 8 | 9 | 7 | 5 | 6 | 1 |
| 6 | 5 | 9 | 1 | 2 | 4 | 8 | 7 | 3 |
| 4 | 7 | 5 | 2 | 3 | 6 | 1 | 8 | 9 |
| 3 | 8 | 1 | 9 | 7 | 5 | 4 | 2 | 6 |
| 9 | 2 | 6 | 4 | 8 | 1 | 3 | 5 | 7 |

## Puzzle 85

| | | | | | | | | |
|---|---|---|---|---|---|---|---|---|
| 4 | 8 | 3 | 5 | 2 | 9 | 7 | 1 | 6 |
| 1 | 9 | 2 | 6 | 4 | 7 | 5 | 8 | 3 |
| 6 | 5 | 7 | 1 | 8 | 3 | 9 | 4 | 2 |
| 3 | 7 | 5 | 2 | 9 | 1 | 4 | 6 | 8 |
| 9 | 2 | 6 | 8 | 7 | 4 | 1 | 3 | 5 |
| 8 | 1 | 4 | 3 | 5 | 6 | 2 | 9 | 7 |
| 7 | 3 | 8 | 9 | 1 | 5 | 6 | 2 | 4 |
| 5 | 6 | 9 | 4 | 3 | 2 | 8 | 7 | 1 |
| 2 | 4 | 1 | 7 | 6 | 8 | 3 | 5 | 9 |

## Puzzle 86

| | | | | | | | | |
|---|---|---|---|---|---|---|---|---|
| 6 | 3 | 7 | 4 | 5 | 1 | 9 | 8 | 2 |
| 1 | 9 | 4 | 7 | 8 | 2 | 3 | 6 | 5 |
| 2 | 5 | 8 | 6 | 9 | 3 | 7 | 4 | 1 |
| 5 | 7 | 9 | 1 | 3 | 8 | 4 | 2 | 6 |
| 3 | 6 | 2 | 5 | 4 | 7 | 8 | 1 | 9 |
| 8 | 4 | 1 | 9 | 2 | 6 | 5 | 7 | 3 |
| 7 | 2 | 5 | 8 | 6 | 9 | 1 | 3 | 4 |
| 9 | 1 | 3 | 2 | 7 | 4 | 6 | 5 | 8 |
| 4 | 8 | 6 | 3 | 1 | 5 | 2 | 9 | 7 |

## Puzzle 87

| | | | | | | | | |
|---|---|---|---|---|---|---|---|---|
| 1 | 7 | 5 | 2 | 3 | 8 | 4 | 9 | 6 |
| 2 | 4 | 8 | 6 | 9 | 5 | 3 | 1 | 7 |
| 6 | 9 | 3 | 4 | 1 | 7 | 2 | 5 | 8 |
| 7 | 5 | 9 | 3 | 8 | 6 | 1 | 4 | 2 |
| 8 | 1 | 4 | 9 | 7 | 2 | 6 | 3 | 5 |
| 3 | 6 | 2 | 5 | 4 | 1 | 8 | 7 | 9 |
| 4 | 8 | 1 | 7 | 2 | 9 | 5 | 6 | 3 |
| 5 | 3 | 7 | 8 | 6 | 4 | 9 | 2 | 1 |
| 9 | 2 | 6 | 1 | 5 | 3 | 7 | 8 | 4 |

## Puzzle 88

| | | | | | | | | |
|---|---|---|---|---|---|---|---|---|
| 2 | 6 | 1 | 9 | 4 | 8 | 3 | 5 | 7 |
| 7 | 9 | 8 | 5 | 1 | 3 | 6 | 4 | 2 |
| 4 | 5 | 3 | 7 | 2 | 6 | 1 | 8 | 9 |
| 6 | 3 | 5 | 8 | 7 | 2 | 4 | 9 | 1 |
| 8 | 1 | 4 | 3 | 9 | 5 | 2 | 7 | 6 |
| 9 | 7 | 2 | 1 | 6 | 4 | 8 | 3 | 5 |
| 3 | 8 | 9 | 2 | 5 | 1 | 7 | 6 | 4 |
| 5 | 2 | 6 | 4 | 3 | 7 | 9 | 1 | 8 |
| 1 | 4 | 7 | 6 | 8 | 9 | 5 | 2 | 3 |

## Puzzle 89

| | | | | | | | | |
|---|---|---|---|---|---|---|---|---|
| 3 | 6 | 4 | 2 | 5 | 8 | 7 | 9 | 1 |
| 9 | 5 | 7 | 3 | 1 | 6 | 8 | 2 | 4 |
| 8 | 2 | 1 | 4 | 9 | 7 | 3 | 5 | 6 |
| 4 | 8 | 5 | 7 | 6 | 9 | 2 | 1 | 3 |
| 2 | 7 | 9 | 5 | 3 | 1 | 4 | 6 | 8 |
| 6 | 1 | 3 | 8 | 2 | 4 | 9 | 7 | 5 |
| 5 | 4 | 8 | 6 | 7 | 2 | 1 | 3 | 9 |
| 7 | 9 | 6 | 1 | 4 | 3 | 5 | 8 | 2 |
| 1 | 3 | 2 | 9 | 8 | 5 | 6 | 4 | 7 |

## Puzzle 90

| | | | | | | | | |
|---|---|---|---|---|---|---|---|---|
| 9 | 8 | 1 | 6 | 3 | 2 | 4 | 5 | 7 |
| 7 | 2 | 6 | 4 | 9 | 5 | 8 | 1 | 3 |
| 5 | 4 | 3 | 1 | 7 | 8 | 6 | 2 | 9 |
| 2 | 7 | 5 | 3 | 6 | 9 | 1 | 4 | 8 |
| 1 | 6 | 8 | 5 | 4 | 7 | 3 | 9 | 2 |
| 3 | 9 | 4 | 2 | 8 | 1 | 7 | 6 | 5 |
| 8 | 1 | 2 | 7 | 5 | 4 | 9 | 3 | 6 |
| 4 | 3 | 9 | 8 | 2 | 6 | 5 | 7 | 1 |
| 6 | 5 | 7 | 9 | 1 | 3 | 2 | 8 | 4 |

## Puzzle 91

| 5 | 9 | 7 | 4 | 3 | 2 | 8 | 1 | 6 |
|---|---|---|---|---|---|---|---|---|
| 3 | 4 | 1 | 8 | 6 | 7 | 9 | 2 | 5 |
| 2 | 8 | 6 | 5 | 9 | 1 | 7 | 3 | 4 |
| 7 | 1 | 5 | 6 | 2 | 9 | 3 | 4 | 8 |
| 9 | 2 | 4 | 3 | 8 | 5 | 6 | 7 | 1 |
| 8 | 6 | 3 | 1 | 7 | 4 | 2 | 5 | 9 |
| 1 | 3 | 9 | 2 | 5 | 6 | 4 | 8 | 7 |
| 4 | 7 | 8 | 9 | 1 | 3 | 5 | 6 | 2 |
| 6 | 5 | 2 | 7 | 4 | 8 | 1 | 9 | 3 |

## Puzzle 92

| 7 | 6 | 5 | 4 | 1 | 8 | 2 | 9 | 3 |
|---|---|---|---|---|---|---|---|---|
| 1 | 4 | 3 | 9 | 2 | 7 | 6 | 8 | 5 |
| 9 | 2 | 8 | 5 | 6 | 3 | 1 | 7 | 4 |
| 4 | 7 | 1 | 3 | 8 | 5 | 9 | 2 | 6 |
| 8 | 3 | 6 | 2 | 4 | 9 | 5 | 1 | 7 |
| 5 | 9 | 2 | 6 | 7 | 1 | 3 | 4 | 8 |
| 3 | 5 | 7 | 8 | 9 | 2 | 4 | 6 | 1 |
| 6 | 1 | 9 | 7 | 5 | 4 | 8 | 3 | 2 |
| 2 | 8 | 4 | 1 | 3 | 6 | 7 | 5 | 9 |

## Puzzle 93

| 7 | 9 | 4 | 8 | 5 | 2 | 3 | 1 | 6 |
|---|---|---|---|---|---|---|---|---|
| 8 | 2 | 5 | 3 | 6 | 1 | 4 | 7 | 9 |
| 1 | 3 | 6 | 4 | 7 | 9 | 2 | 8 | 5 |
| 5 | 7 | 2 | 6 | 8 | 3 | 9 | 4 | 1 |
| 3 | 6 | 9 | 2 | 1 | 4 | 8 | 5 | 7 |
| 4 | 1 | 8 | 7 | 9 | 5 | 6 | 3 | 2 |
| 9 | 4 | 3 | 5 | 2 | 7 | 1 | 6 | 8 |
| 6 | 5 | 1 | 9 | 3 | 8 | 7 | 2 | 4 |
| 2 | 8 | 7 | 1 | 4 | 6 | 5 | 9 | 3 |

## Puzzle 94

| 4 | 2 | 3 | 7 | 5 | 8 | 1 | 6 | 9 |
|---|---|---|---|---|---|---|---|---|
| 8 | 7 | 9 | 1 | 6 | 4 | 2 | 3 | 5 |
| 5 | 6 | 1 | 3 | 9 | 2 | 4 | 8 | 7 |
| 1 | 9 | 2 | 6 | 4 | 3 | 7 | 5 | 8 |
| 7 | 3 | 8 | 9 | 2 | 5 | 6 | 1 | 4 |
| 6 | 5 | 4 | 8 | 7 | 1 | 9 | 2 | 3 |
| 9 | 8 | 7 | 5 | 1 | 6 | 3 | 4 | 2 |
| 3 | 4 | 6 | 2 | 8 | 9 | 5 | 7 | 1 |
| 2 | 1 | 5 | 4 | 3 | 7 | 8 | 9 | 6 |

## Puzzle 95

| 4 | 7 | 1 | 9 | 8 | 3 | 6 | 5 | 2 |
|---|---|---|---|---|---|---|---|---|
| 5 | 8 | 6 | 2 | 4 | 7 | 9 | 3 | 1 |
| 2 | 3 | 9 | 1 | 5 | 6 | 4 | 7 | 8 |
| 7 | 2 | 3 | 5 | 6 | 9 | 1 | 8 | 4 |
| 1 | 9 | 8 | 3 | 7 | 4 | 2 | 6 | 5 |
| 6 | 5 | 4 | 8 | 1 | 2 | 3 | 9 | 7 |
| 3 | 1 | 7 | 6 | 2 | 8 | 5 | 4 | 9 |
| 8 | 6 | 2 | 4 | 9 | 5 | 7 | 1 | 3 |
| 9 | 4 | 5 | 7 | 3 | 1 | 8 | 2 | 6 |

## Puzzle 96

| 3 | 6 | 4 | 2 | 5 | 8 | 7 | 9 | 1 |
|---|---|---|---|---|---|---|---|---|
| 9 | 5 | 7 | 3 | 1 | 6 | 8 | 2 | 4 |
| 8 | 2 | 1 | 4 | 9 | 7 | 3 | 5 | 6 |
| 4 | 8 | 5 | 7 | 6 | 9 | 2 | 1 | 3 |
| 2 | 7 | 9 | 5 | 3 | 1 | 4 | 6 | 8 |
| 6 | 1 | 3 | 8 | 2 | 4 | 9 | 7 | 5 |
| 5 | 4 | 8 | 6 | 7 | 2 | 1 | 3 | 9 |
| 7 | 9 | 6 | 1 | 4 | 3 | 5 | 8 | 2 |
| 1 | 3 | 2 | 9 | 8 | 5 | 6 | 4 | 7 |

## Puzzle 97

| | | | | | | | | |
|---|---|---|---|---|---|---|---|---|
| 6 | 2 | 4 | 5 | 8 | 3 | 9 | 7 | 1 |
| 3 | 8 | 5 | 7 | 1 | 9 | 4 | 2 | 6 |
| 9 | 1 | 7 | 4 | 2 | 6 | 5 | 8 | 3 |
| 7 | 6 | 1 | 2 | 3 | 5 | 8 | 4 | 9 |
| 2 | 9 | 8 | 1 | 6 | 4 | 3 | 5 | 7 |
| 4 | 5 | 3 | 9 | 7 | 8 | 1 | 6 | 2 |
| 8 | 7 | 9 | 3 | 5 | 2 | 6 | 1 | 4 |
| 1 | 3 | 6 | 8 | 4 | 7 | 2 | 9 | 5 |
| 5 | 4 | 2 | 6 | 9 | 1 | 7 | 3 | 8 |

## Puzzle 98

| | | | | | | | | |
|---|---|---|---|---|---|---|---|---|
| 2 | 3 | 8 | 7 | 6 | 9 | 1 | 4 | 5 |
| 6 | 5 | 1 | 4 | 8 | 3 | 7 | 2 | 9 |
| 4 | 9 | 7 | 1 | 2 | 5 | 8 | 3 | 6 |
| 3 | 2 | 4 | 6 | 7 | 1 | 5 | 9 | 8 |
| 1 | 8 | 5 | 2 | 9 | 4 | 3 | 6 | 7 |
| 7 | 6 | 9 | 3 | 5 | 8 | 2 | 1 | 4 |
| 9 | 7 | 3 | 8 | 1 | 6 | 4 | 5 | 2 |
| 5 | 4 | 2 | 9 | 3 | 7 | 6 | 8 | 1 |
| 8 | 1 | 6 | 5 | 4 | 2 | 9 | 7 | 3 |

## Puzzle 99

| | | | | | | | | |
|---|---|---|---|---|---|---|---|---|
| 7 | 6 | 4 | 5 | 1 | 9 | 8 | 2 | 3 |
| 9 | 3 | 2 | 8 | 6 | 4 | 1 | 7 | 5 |
| 8 | 5 | 1 | 7 | 2 | 3 | 9 | 6 | 4 |
| 6 | 1 | 9 | 2 | 4 | 8 | 3 | 5 | 7 |
| 2 | 8 | 3 | 1 | 5 | 7 | 4 | 9 | 6 |
| 4 | 7 | 5 | 9 | 3 | 6 | 2 | 8 | 1 |
| 1 | 2 | 6 | 4 | 9 | 5 | 7 | 3 | 8 |
| 3 | 9 | 7 | 6 | 8 | 1 | 5 | 4 | 2 |
| 5 | 4 | 8 | 3 | 7 | 2 | 6 | 1 | 9 |

## Puzzle 100

| | | | | | | | | |
|---|---|---|---|---|---|---|---|---|
| 4 | 3 | 8 | 7 | 6 | 2 | 5 | 1 | 9 |
| 9 | 7 | 1 | 8 | 4 | 5 | 3 | 2 | 6 |
| 5 | 6 | 2 | 1 | 9 | 3 | 8 | 7 | 4 |
| 6 | 1 | 5 | 3 | 7 | 4 | 2 | 9 | 8 |
| 2 | 4 | 7 | 9 | 8 | 6 | 1 | 5 | 3 |
| 3 | 8 | 9 | 5 | 2 | 1 | 6 | 4 | 7 |
| 1 | 2 | 4 | 6 | 3 | 7 | 9 | 8 | 5 |
| 7 | 9 | 6 | 2 | 5 | 8 | 4 | 3 | 1 |
| 8 | 5 | 3 | 4 | 1 | 9 | 7 | 6 | 2 |

## Puzzle 101

| | | | | | | | | |
|---|---|---|---|---|---|---|---|---|
| 4 | 6 | 1 | 2 | 3 | 5 | 8 | 9 | 7 |
| 9 | 3 | 2 | 8 | 1 | 7 | 5 | 6 | 4 |
| 5 | 7 | 8 | 4 | 9 | 6 | 3 | 1 | 2 |
| 8 | 9 | 5 | 6 | 2 | 3 | 7 | 4 | 1 |
| 6 | 2 | 3 | 7 | 4 | 1 | 9 | 8 | 5 |
| 1 | 4 | 7 | 9 | 5 | 8 | 6 | 2 | 3 |
| 7 | 5 | 9 | 1 | 8 | 4 | 2 | 3 | 6 |
| 3 | 8 | 4 | 5 | 6 | 2 | 1 | 7 | 9 |
| 2 | 1 | 6 | 3 | 7 | 9 | 4 | 5 | 8 |

## Puzzle 102

| | | | | | | | | |
|---|---|---|---|---|---|---|---|---|
| 8 | 1 | 7 | 2 | 9 | 5 | 3 | 6 | 4 |
| 5 | 4 | 6 | 8 | 3 | 7 | 2 | 9 | 1 |
| 9 | 3 | 2 | 4 | 6 | 1 | 5 | 7 | 8 |
| 7 | 6 | 9 | 1 | 8 | 2 | 4 | 5 | 3 |
| 3 | 2 | 8 | 6 | 5 | 4 | 9 | 1 | 7 |
| 1 | 5 | 4 | 3 | 7 | 9 | 8 | 2 | 6 |
| 2 | 7 | 3 | 9 | 4 | 6 | 1 | 8 | 5 |
| 6 | 8 | 1 | 5 | 2 | 3 | 7 | 4 | 9 |
| 4 | 9 | 5 | 7 | 1 | 8 | 6 | 3 | 2 |

## Puzzle 103

| | | | | | | | | |
|---|---|---|---|---|---|---|---|---|
| 8 | 3 | 9 | 1 | 7 | 4 | 2 | 6 | 5 |
| 5 | 4 | 6 | 8 | 2 | 3 | 1 | 9 | 7 |
| 7 | 2 | 1 | 5 | 6 | 9 | 4 | 3 | 8 |
| 4 | 5 | 2 | 3 | 8 | 7 | 6 | 1 | 9 |
| 6 | 8 | 3 | 9 | 1 | 5 | 7 | 2 | 4 |
| 9 | 1 | 7 | 2 | 4 | 6 | 5 | 8 | 3 |
| 2 | 7 | 4 | 6 | 9 | 8 | 3 | 5 | 1 |
| 3 | 6 | 8 | 4 | 5 | 1 | 9 | 7 | 2 |
| 1 | 9 | 5 | 7 | 3 | 2 | 8 | 4 | 6 |

## Puzzle 104

| | | | | | | | | |
|---|---|---|---|---|---|---|---|---|
| 3 | 4 | 9 | 6 | 1 | 7 | 8 | 2 | 5 |
| 1 | 5 | 6 | 2 | 9 | 8 | 7 | 4 | 3 |
| 2 | 7 | 8 | 3 | 4 | 5 | 6 | 1 | 9 |
| 6 | 2 | 4 | 1 | 7 | 9 | 5 | 3 | 8 |
| 5 | 1 | 3 | 8 | 2 | 6 | 9 | 7 | 4 |
| 8 | 9 | 7 | 4 | 5 | 3 | 2 | 6 | 1 |
| 9 | 6 | 5 | 7 | 3 | 4 | 1 | 8 | 2 |
| 7 | 3 | 1 | 5 | 8 | 2 | 4 | 9 | 6 |
| 4 | 8 | 2 | 9 | 6 | 1 | 3 | 5 | 7 |

## Puzzle 105

| | | | | | | | | |
|---|---|---|---|---|---|---|---|---|
| 5 | 6 | 3 | 4 | 8 | 9 | 1 | 7 | 2 |
| 8 | 2 | 4 | 6 | 7 | 1 | 3 | 9 | 5 |
| 9 | 1 | 7 | 3 | 5 | 2 | 6 | 8 | 4 |
| 2 | 4 | 8 | 5 | 6 | 7 | 9 | 3 | 1 |
| 7 | 9 | 5 | 1 | 3 | 4 | 2 | 6 | 8 |
| 1 | 3 | 6 | 2 | 9 | 8 | 4 | 5 | 7 |
| 4 | 5 | 9 | 8 | 1 | 3 | 7 | 2 | 6 |
| 3 | 8 | 1 | 7 | 2 | 6 | 5 | 4 | 9 |
| 6 | 7 | 2 | 9 | 4 | 5 | 8 | 1 | 3 |

## Puzzle 106

| | | | | | | | | |
|---|---|---|---|---|---|---|---|---|
| 5 | 8 | 1 | 2 | 9 | 7 | 6 | 3 | 4 |
| 3 | 4 | 7 | 6 | 5 | 8 | 1 | 2 | 9 |
| 9 | 6 | 2 | 1 | 3 | 4 | 8 | 7 | 5 |
| 2 | 5 | 4 | 8 | 1 | 9 | 7 | 6 | 3 |
| 7 | 3 | 6 | 5 | 4 | 2 | 9 | 1 | 8 |
| 8 | 1 | 9 | 3 | 7 | 6 | 5 | 4 | 2 |
| 6 | 7 | 8 | 4 | 2 | 5 | 3 | 9 | 1 |
| 4 | 9 | 3 | 7 | 8 | 1 | 2 | 5 | 6 |
| 1 | 2 | 5 | 9 | 6 | 3 | 4 | 8 | 7 |

## Puzzle 107

| | | | | | | | | |
|---|---|---|---|---|---|---|---|---|
| 4 | 2 | 7 | 3 | 1 | 8 | 6 | 5 | 9 |
| 9 | 6 | 3 | 4 | 7 | 5 | 2 | 1 | 8 |
| 1 | 5 | 8 | 9 | 6 | 2 | 3 | 4 | 7 |
| 7 | 3 | 6 | 1 | 5 | 9 | 8 | 2 | 4 |
| 8 | 4 | 9 | 2 | 3 | 6 | 1 | 7 | 5 |
| 2 | 1 | 5 | 8 | 4 | 7 | 9 | 3 | 6 |
| 5 | 7 | 2 | 6 | 9 | 3 | 4 | 8 | 1 |
| 3 | 9 | 4 | 7 | 8 | 1 | 5 | 6 | 2 |
| 6 | 8 | 1 | 5 | 2 | 4 | 7 | 9 | 3 |

## Puzzle 108

| | | | | | | | | |
|---|---|---|---|---|---|---|---|---|
| 1 | 9 | 2 | 6 | 8 | 5 | 3 | 4 | 7 |
| 8 | 5 | 3 | 7 | 9 | 4 | 2 | 1 | 6 |
| 7 | 6 | 4 | 3 | 2 | 1 | 9 | 5 | 8 |
| 9 | 4 | 1 | 5 | 7 | 3 | 8 | 6 | 2 |
| 6 | 3 | 7 | 2 | 4 | 8 | 1 | 9 | 5 |
| 2 | 8 | 5 | 1 | 6 | 9 | 4 | 7 | 3 |
| 4 | 2 | 8 | 9 | 5 | 7 | 6 | 3 | 1 |
| 3 | 7 | 6 | 4 | 1 | 2 | 5 | 8 | 9 |
| 5 | 1 | 9 | 8 | 3 | 6 | 7 | 2 | 4 |

## Puzzle 109

| | | | | | | | | |
|---|---|---|---|---|---|---|---|---|
| 5 | 3 | 6 | 8 | 1 | 7 | 9 | 4 | 2 |
| 9 | 8 | 4 | 6 | 5 | 2 | 3 | 1 | 7 |
| 7 | 2 | 1 | 3 | 9 | 4 | 6 | 5 | 8 |
| 8 | 9 | 5 | 4 | 3 | 6 | 7 | 2 | 1 |
| 6 | 4 | 7 | 5 | 2 | 1 | 8 | 3 | 9 |
| 2 | 1 | 3 | 7 | 8 | 9 | 4 | 6 | 5 |
| 4 | 6 | 8 | 1 | 7 | 5 | 2 | 9 | 3 |
| 1 | 7 | 2 | 9 | 4 | 3 | 5 | 8 | 6 |
| 3 | 5 | 9 | 2 | 6 | 8 | 1 | 7 | 4 |

## Puzzle 110

| | | | | | | | | |
|---|---|---|---|---|---|---|---|---|
| 6 | 3 | 4 | 2 | 5 | 1 | 9 | 7 | 8 |
| 7 | 1 | 9 | 8 | 4 | 6 | 2 | 5 | 3 |
| 2 | 8 | 5 | 9 | 7 | 3 | 6 | 1 | 4 |
| 3 | 5 | 2 | 4 | 1 | 9 | 8 | 6 | 7 |
| 1 | 4 | 8 | 6 | 3 | 7 | 5 | 2 | 9 |
| 9 | 7 | 6 | 5 | 8 | 2 | 3 | 4 | 1 |
| 8 | 9 | 7 | 1 | 2 | 5 | 4 | 3 | 6 |
| 4 | 2 | 1 | 3 | 6 | 8 | 7 | 9 | 5 |
| 5 | 6 | 3 | 7 | 9 | 4 | 1 | 8 | 2 |

## Puzzle 111

| | | | | | | | | |
|---|---|---|---|---|---|---|---|---|
| 9 | 4 | 1 | 2 | 8 | 7 | 6 | 3 | 5 |
| 6 | 5 | 8 | 4 | 3 | 9 | 7 | 2 | 1 |
| 2 | 3 | 7 | 6 | 5 | 1 | 8 | 9 | 4 |
| 1 | 6 | 4 | 7 | 2 | 3 | 5 | 8 | 9 |
| 8 | 7 | 5 | 9 | 6 | 4 | 3 | 1 | 2 |
| 3 | 2 | 9 | 5 | 1 | 8 | 4 | 6 | 7 |
| 5 | 9 | 3 | 8 | 7 | 2 | 1 | 4 | 6 |
| 7 | 8 | 2 | 1 | 4 | 6 | 9 | 5 | 3 |
| 4 | 1 | 6 | 3 | 9 | 5 | 2 | 7 | 8 |

## Puzzle 112

| | | | | | | | | |
|---|---|---|---|---|---|---|---|---|
| 8 | 3 | 4 | 7 | 2 | 6 | 9 | 5 | 1 |
| 6 | 9 | 7 | 1 | 5 | 8 | 2 | 3 | 4 |
| 5 | 1 | 2 | 4 | 3 | 9 | 7 | 6 | 8 |
| 4 | 6 | 9 | 5 | 8 | 7 | 3 | 1 | 2 |
| 7 | 5 | 3 | 2 | 1 | 4 | 6 | 8 | 9 |
| 2 | 8 | 1 | 9 | 6 | 3 | 4 | 7 | 5 |
| 1 | 7 | 6 | 8 | 4 | 2 | 5 | 9 | 3 |
| 3 | 2 | 5 | 6 | 9 | 1 | 8 | 4 | 7 |
| 9 | 4 | 8 | 3 | 7 | 5 | 1 | 2 | 6 |

## Puzzle 113

| | | | | | | | | |
|---|---|---|---|---|---|---|---|---|
| 3 | 2 | 4 | 6 | 9 | 8 | 5 | 1 | 7 |
| 1 | 5 | 9 | 2 | 3 | 7 | 8 | 4 | 6 |
| 7 | 6 | 8 | 5 | 4 | 1 | 2 | 9 | 3 |
| 5 | 3 | 6 | 8 | 1 | 9 | 7 | 2 | 4 |
| 4 | 1 | 7 | 3 | 5 | 2 | 6 | 8 | 9 |
| 8 | 9 | 2 | 4 | 7 | 6 | 3 | 5 | 1 |
| 9 | 4 | 3 | 7 | 2 | 5 | 1 | 6 | 8 |
| 6 | 7 | 5 | 1 | 8 | 4 | 9 | 3 | 2 |
| 2 | 8 | 1 | 9 | 6 | 3 | 4 | 7 | 5 |

## Puzzle 114

| | | | | | | | | |
|---|---|---|---|---|---|---|---|---|
| 7 | 1 | 2 | 8 | 4 | 3 | 6 | 9 | 5 |
| 3 | 9 | 5 | 6 | 7 | 2 | 8 | 4 | 1 |
| 6 | 4 | 8 | 9 | 5 | 1 | 2 | 3 | 7 |
| 8 | 7 | 6 | 2 | 3 | 9 | 5 | 1 | 4 |
| 1 | 2 | 9 | 5 | 6 | 4 | 3 | 7 | 8 |
| 4 | 5 | 3 | 7 | 1 | 8 | 9 | 2 | 6 |
| 2 | 3 | 7 | 4 | 8 | 6 | 1 | 5 | 9 |
| 5 | 8 | 1 | 3 | 9 | 7 | 4 | 6 | 2 |
| 9 | 6 | 4 | 1 | 2 | 5 | 7 | 8 | 3 |

## Puzzle 115

| | | | | | | | | |
|---|---|---|---|---|---|---|---|---|
| 8 | 1 | 9 | 6 | 5 | 3 | 2 | 4 | 7 |
| 6 | 4 | 7 | 1 | 2 | 8 | 5 | 3 | 9 |
| 2 | 5 | 3 | 4 | 7 | 9 | 6 | 8 | 1 |
| 1 | 7 | 6 | 3 | 9 | 4 | 8 | 2 | 5 |
| 4 | 3 | 8 | 5 | 1 | 2 | 7 | 9 | 6 |
| 9 | 2 | 5 | 7 | 8 | 6 | 3 | 1 | 4 |
| 3 | 6 | 1 | 8 | 4 | 5 | 9 | 7 | 2 |
| 7 | 8 | 2 | 9 | 6 | 1 | 4 | 5 | 3 |
| 5 | 9 | 4 | 2 | 3 | 7 | 1 | 6 | 8 |

## Puzzle 116

| | | | | | | | | |
|---|---|---|---|---|---|---|---|---|
| 7 | 6 | 5 | 3 | 1 | 4 | 8 | 2 | 9 |
| 3 | 4 | 2 | 8 | 9 | 6 | 1 | 5 | 7 |
| 9 | 1 | 8 | 7 | 5 | 2 | 6 | 3 | 4 |
| 4 | 7 | 3 | 6 | 8 | 1 | 5 | 9 | 2 |
| 6 | 5 | 9 | 4 | 2 | 7 | 3 | 8 | 1 |
| 2 | 8 | 1 | 9 | 3 | 5 | 4 | 7 | 6 |
| 5 | 2 | 4 | 1 | 7 | 3 | 9 | 6 | 8 |
| 8 | 3 | 6 | 2 | 4 | 9 | 7 | 1 | 5 |
| 1 | 9 | 7 | 5 | 6 | 8 | 2 | 4 | 3 |

## Puzzle 117

| | | | | | | | | |
|---|---|---|---|---|---|---|---|---|
| 1 | 7 | 9 | 5 | 3 | 6 | 4 | 8 | 2 |
| 3 | 5 | 8 | 2 | 4 | 7 | 9 | 6 | 1 |
| 6 | 4 | 2 | 8 | 1 | 9 | 5 | 3 | 7 |
| 5 | 1 | 7 | 3 | 9 | 2 | 6 | 4 | 8 |
| 4 | 8 | 6 | 7 | 5 | 1 | 3 | 2 | 9 |
| 9 | 2 | 3 | 4 | 6 | 8 | 7 | 1 | 5 |
| 7 | 3 | 4 | 1 | 8 | 5 | 2 | 9 | 6 |
| 8 | 9 | 5 | 6 | 2 | 3 | 1 | 7 | 4 |
| 2 | 6 | 1 | 9 | 7 | 4 | 8 | 5 | 3 |

## Puzzle 118

| | | | | | | | | |
|---|---|---|---|---|---|---|---|---|
| 6 | 5 | 1 | 9 | 7 | 4 | 3 | 8 | 2 |
| 4 | 9 | 8 | 3 | 1 | 2 | 6 | 5 | 7 |
| 3 | 7 | 2 | 5 | 8 | 6 | 9 | 4 | 1 |
| 1 | 3 | 5 | 7 | 2 | 9 | 8 | 6 | 4 |
| 8 | 4 | 6 | 1 | 3 | 5 | 7 | 2 | 9 |
| 7 | 2 | 9 | 6 | 4 | 8 | 5 | 1 | 3 |
| 9 | 8 | 4 | 2 | 5 | 3 | 1 | 7 | 6 |
| 5 | 6 | 7 | 4 | 9 | 1 | 2 | 3 | 8 |
| 2 | 1 | 3 | 8 | 6 | 7 | 4 | 9 | 5 |

## Puzzle 119

| | | | | | | | | |
|---|---|---|---|---|---|---|---|---|
| 7 | 3 | 5 | 9 | 4 | 8 | 1 | 6 | 2 |
| 4 | 2 | 1 | 5 | 3 | 6 | 7 | 9 | 8 |
| 9 | 6 | 8 | 7 | 1 | 2 | 3 | 4 | 5 |
| 3 | 4 | 6 | 1 | 8 | 9 | 5 | 2 | 7 |
| 2 | 8 | 7 | 3 | 6 | 5 | 9 | 1 | 4 |
| 1 | 5 | 9 | 4 | 2 | 7 | 6 | 8 | 3 |
| 8 | 9 | 4 | 6 | 7 | 3 | 2 | 5 | 1 |
| 5 | 7 | 2 | 8 | 9 | 1 | 4 | 3 | 6 |
| 6 | 1 | 3 | 2 | 5 | 4 | 8 | 7 | 9 |

## Puzzle 120

| | | | | | | | | |
|---|---|---|---|---|---|---|---|---|
| 2 | 6 | 1 | 8 | 9 | 4 | 7 | 3 | 5 |
| 9 | 3 | 8 | 5 | 7 | 6 | 2 | 4 | 1 |
| 7 | 4 | 5 | 2 | 3 | 1 | 9 | 8 | 6 |
| 5 | 2 | 6 | 4 | 1 | 7 | 8 | 9 | 3 |
| 3 | 1 | 4 | 9 | 5 | 8 | 6 | 7 | 2 |
| 8 | 7 | 9 | 6 | 2 | 3 | 5 | 1 | 4 |
| 6 | 8 | 3 | 7 | 4 | 2 | 1 | 5 | 9 |
| 1 | 5 | 2 | 3 | 8 | 9 | 4 | 6 | 7 |
| 4 | 9 | 7 | 1 | 6 | 5 | 3 | 2 | 8 |

## Puzzle 121

| | | | | | | | | |
|---|---|---|---|---|---|---|---|---|
| 1 | 8 | 4 | 3 | 6 | 9 | 7 | 2 | 5 |
| 3 | 5 | 2 | 8 | 4 | 7 | 9 | 6 | 1 |
| 6 | 9 | 7 | 5 | 2 | 1 | 8 | 4 | 3 |
| 2 | 1 | 5 | 4 | 8 | 3 | 6 | 7 | 9 |
| 9 | 4 | 6 | 2 | 7 | 5 | 3 | 1 | 8 |
| 7 | 3 | 8 | 1 | 9 | 6 | 2 | 5 | 4 |
| 8 | 6 | 1 | 9 | 5 | 2 | 4 | 3 | 7 |
| 5 | 2 | 9 | 7 | 3 | 4 | 1 | 8 | 6 |
| 4 | 7 | 3 | 6 | 1 | 8 | 5 | 9 | 2 |

## Puzzle 122

| | | | | | | | | |
|---|---|---|---|---|---|---|---|---|
| 8 | 4 | 5 | 9 | 7 | 6 | 2 | 1 | 3 |
| 7 | 6 | 9 | 3 | 1 | 2 | 5 | 8 | 4 |
| 1 | 3 | 2 | 5 | 8 | 4 | 7 | 6 | 9 |
| 2 | 5 | 3 | 7 | 6 | 8 | 9 | 4 | 1 |
| 4 | 9 | 8 | 2 | 5 | 1 | 6 | 3 | 7 |
| 6 | 1 | 7 | 4 | 9 | 3 | 8 | 2 | 5 |
| 5 | 2 | 1 | 6 | 4 | 7 | 3 | 9 | 8 |
| 3 | 7 | 4 | 8 | 2 | 9 | 1 | 5 | 6 |
| 9 | 8 | 6 | 1 | 3 | 5 | 4 | 7 | 2 |

## Puzzle 123

| | | | | | | | | |
|---|---|---|---|---|---|---|---|---|
| 7 | 4 | 2 | 9 | 6 | 1 | 8 | 5 | 3 |
| 6 | 5 | 8 | 7 | 2 | 3 | 4 | 9 | 1 |
| 9 | 1 | 3 | 4 | 5 | 8 | 6 | 2 | 7 |
| 3 | 2 | 6 | 5 | 1 | 4 | 7 | 8 | 9 |
| 5 | 8 | 9 | 2 | 3 | 7 | 1 | 4 | 6 |
| 1 | 7 | 4 | 6 | 8 | 9 | 2 | 3 | 5 |
| 2 | 3 | 7 | 8 | 9 | 6 | 5 | 1 | 4 |
| 8 | 6 | 1 | 3 | 4 | 5 | 9 | 7 | 2 |
| 4 | 9 | 5 | 1 | 7 | 2 | 3 | 6 | 8 |

## Puzzle 124

| | | | | | | | | |
|---|---|---|---|---|---|---|---|---|
| 5 | 3 | 6 | 4 | 8 | 7 | 2 | 9 | 1 |
| 8 | 4 | 9 | 2 | 1 | 5 | 6 | 7 | 3 |
| 1 | 2 | 7 | 9 | 6 | 3 | 8 | 5 | 4 |
| 4 | 6 | 8 | 7 | 3 | 9 | 1 | 2 | 5 |
| 3 | 7 | 5 | 6 | 2 | 1 | 4 | 8 | 9 |
| 2 | 9 | 1 | 8 | 5 | 4 | 3 | 6 | 7 |
| 9 | 1 | 2 | 3 | 7 | 8 | 5 | 4 | 6 |
| 6 | 5 | 4 | 1 | 9 | 2 | 7 | 3 | 8 |
| 7 | 8 | 3 | 5 | 4 | 6 | 9 | 1 | 2 |

## Puzzle 125

| | | | | | | | | |
|---|---|---|---|---|---|---|---|---|
| 4 | 2 | 3 | 7 | 5 | 8 | 1 | 6 | 9 |
| 8 | 7 | 9 | 1 | 6 | 4 | 2 | 3 | 5 |
| 5 | 6 | 1 | 3 | 9 | 2 | 4 | 8 | 7 |
| 1 | 9 | 2 | 6 | 4 | 3 | 7 | 5 | 8 |
| 7 | 3 | 8 | 9 | 2 | 5 | 6 | 1 | 4 |
| 6 | 5 | 4 | 8 | 7 | 1 | 9 | 2 | 3 |
| 9 | 8 | 7 | 5 | 1 | 6 | 3 | 4 | 2 |
| 3 | 4 | 6 | 2 | 8 | 9 | 5 | 7 | 1 |
| 2 | 1 | 5 | 4 | 3 | 7 | 8 | 9 | 6 |

www.ingramcontent.com/pod-product-compliance
Lightning Source LLC
Chambersburg PA
CBHW081615250726
48657CB00009B/2582

* 9 7 9 8 5 7 4 9 3 7 4 7 1 *